MEDICINA ESPIRITUAL

Solicite nosso catálogo completo, com mais de 500 títulos, onde você encontra as melhores opções do bom livro espírita: literatura infantojuvenil, contos, obras biográficas e de autoajuda, mensagens espirituais, romances, estudos doutrinários, obras básicas de Allan Kardec, e mais os esclarecedores cursos e estudos para aplicação no centro espírita – iniciação, mediunidade, reuniões mediúnicas, oratória, desobsessão, fluidos e passes.

E caso não encontre os nossos livros na livraria de sua preferência, solicite o endereço de nosso distribuidor mais próximo de você.

Edição e distribuição
EDITORA EME
Avenida Brigadeiro Faria Lima, 1080 – Vila Fátima
CEP 13369-040 – Capivari-SP
Telefones: (19) 3491-7000 | 3491-5449
Vivo (19) 9 9983-2575 ☺ | Claro (19) 9 9317-2800
vendas@editoraeme.com.br – www.editoraeme.com.br

f /editoraeme   **✈** @EditoraEme
⦿ @editoraeme   **▶** editoraemeoficial

RAFAEL PAPA

*(Ditado pelos espíritos Archimedes, Bartholomeu,
Charles Pierre, Hammed, Hermann e Ludwig)*

MEDICINA ESPIRITUAL

Um diálogo com o espiritismo e médicos espirituais

Capivari-SP

© 2023 Rafael Papa

Os direitos autorais desta obra foram cedidos pelo autor para a Editora EME, o que propicia a venda dos livros com preços mais acessíveis e a manutenção de campanhas com preços especiais a Clubes do Livro de todo o Brasil.

A Editora EME mantém o Centro Espírita "Mensagem de Esperança" e patrocina, junto com outras empresas, instituições de atendimento social de Capivari-SP.

3ª reimpressão – fevereiro/2025 – de 4.001 a 4.500 exemplares

CAPA E DIAGRAMAÇÃO | André Stenico
REVISÃO | Fátima Salvo
　　　　　 Editora EME

Ficha catalográfica

Papa, Rafael, 1985.

Medicina espiritual: Um diálogo com o espiritismo e médicos espirituais / Rafael Papa – 3ª reimp. fev. 2025 – Capivari, SP: Editora EME.
　144 p.

1ª ed. ago. 2023
ISBN 978-65-5543-100-1

1. Medicina espiritual. 2. Passes e cura espiritual. 3. Relatos de cura espiritual. 4. Perguntas e respostas. I. TÍTULO.

CDD 133.9

SUMÁRIO

Prefácio 7

Introdução 11

Um breve ensaio sobre curas e milagres 19

Parte 1 - Entrevista com Allan Kardec 37

Parte 2 - Entrevista com médicos espirituais 91

Parte 3 - Relatos de casos de cura 123

Conclusão 135

Referências 138

PREFÁCIO

A PRESENTE OBRA elaborada pelo amigo Rafael Papa se apresenta como uma importante continuação do livro *Curas espirituais à luz da doutrina espírita* (em coautoria com Sérgio Cherci e Maria Fátima Ramos).

Evidentemente, grande é a responsabilidade que se assume ao elaborar o prefácio de um trabalho científico de tamanha magnitude. Porém, diante do que constatamos ao longo de quase cinco décadas dedicadas ao estudo e à pesquisa da Ciência da Mediunidade, não nos sentimos preocupados diante do convite, feito pelo autor deste livro, e sim, muito honrados.

Até onde percebo como médico que sou, uma nova Ciência da Vida, muito mais complexa e profunda em relação à que conhecemos, está começando a se descortinar à nossa frente.

E diante das sucessivas revelações trazidas pelos fatos e comunicações mediúnicas confiáveis, a Medicina se coloca na vanguarda do que poderá ser revelado, já que a saúde humana representa um dos aspectos mais importantes para as inteligências supremas que acompanham nossa evolução como espíritos imortais.

Nenhuma missão pode ser cumprida sem a saúde física do corpo humano, o veículo que necessitamos para a interação com este Universo.

Dentre as preciosas informações para a humanidade trazidas pelo Consolador Prometido, uma das mais importantes é a existência de um componente extrafísico – denominado pelo codificador, Allan Kardec, como perispírito – o qual já vem despertando a atenção dos nossos cientistas, que começam a reconhecer sua existência com outra denominação: "Corpos Morfogenéticos."

Por mais que tentemos aceitar um organismo físico – seja ele humano, animal ou vegetal – como produto aleatório de átomos oriundos da explosão de estrelas supernovas nos confins do Universo; e, em consequência, esses se agregam nos aminoácidos e, sob orientação exata dos genes formam todas as proteínas de um corpo, como se fosse os tijolos de uma construção, somos obrigados a admitir a existência de algum molde orientador ainda não detectado pela nossa Ciência.

Embora a genética seja fundamental para compreendermos como a obra se desenvolve, necessitamos de um projeto precursor e de uma planta que oriente toda essa fantástica arquitetura.

O contrário seria aceitar-se que tijolos, areia e cimento abandonados em um terreno vazio seriam capazes, por si só, de construírem um edifício.

Esta é a principal abordagem desse livro que aprofunda as pesquisas de Kardec em relação à origem extrafísica de inúmeras doenças tratadas pelos médicos da Terra somente como efeitos.

Não conhecemos as causas implantadas no perispírito pelos equívocos conscientes cometidos contra o próximo e contra a natureza do planeta que habitamos na atual, ou nas múltiplas encarnações pelas quais passamos; e que ficam grafadas no modelo biológico extrafísico organizador de todas as espécies vivas, cuja complexidade ainda não permite que, no estado evolutivo em que nos encontramos como criaturas imortais, entendê-lo em suas minúcias.

Estamos a tratar de uma lei universal e matemática de ação e reação, que revela não serem as doenças obras da causalidade ou de um "Criador imperfeito" e sim, o resultado de nossas próprias ações, palavras e pensamentos.

A semeadura é livre, mas, a colheita sempre será obrigatória.

10 · RAFAEL PAPA

Desejo a todos uma boa leitura e sugiro que, de acordo com a reflexão pessoal de cada leitor, presenteiem seus médicos com esse livro, despertando a curiosidade científica da classe a qual pertenço, tão necessitada dessas revelações.

Paulo Cesar Fructuoso[1]

---

1 Médico Cirurgião Geral e Oncológico e Professor do Hospital Universitário Pedro Ernesto – UERJ; Professor de Clínica Cirúrgica e Iniciação à prática cirúrgica da Escola da Medicina Souza Marques – RJ; Membro Emérito do Colégio Brasileiro de Cirurgiões e Autor de *A face oculta da medicina* e outros sete livros sobre ciência e espiritualidade.

INTRODUÇÃO

APÓS ESCREVER O livro *Curas espirituais à luz da doutrina espírita*, em coautoria com Sérgio Cherci e Drª Maria Fátima Ramos, fui incentivado pelo espírito Dr. Ludwig a continuar aprofundamentos necessários sobre conhecimentos da medicina espiritual.

Elaborar um livro com essa temática significa trazer às pessoas paz, alívio e conforto que os amigos espirituais podem ofertar.

Sou médium de cura em desenvolvimento e estudioso da medicina espiritual e prossigo na busca por soluções que a medicina da Terra ainda não é capaz de oferecer pelo estágio atual da tecnologia disponível.

Após mais de três anos observando pessoas curadas, sinto no âmago da alma que devemos continuar a escrever sobre a temática.

Na condição de psicólogo, sou testemunha ocular de tantos transtornos psíquicos que têm assolado a humanidade. Muitos dramas em famílias que não possuem o mínimo de conhecimento sobre os aspectos espirituais que podem estar envolvidos na origem ou desenvolvimento de patologias graves.

Isso me provoca bastante incômodo. E gera uma sede de difundir mais a bendita doutrina dos espíritos a fim de que mais corações possam ser auxiliados perante dores e dificuldades que os visitam de forma frequente.

Percebo a necessidade de o espírita conhecer mais o que significa a mediunidade curadora e os benefícios que ela pode proporcionar; ainda há demasiado desconhecimento da proposta trazida pelos espíritos por meio da codificação que nos oferta Allan Kardec.

Numa visão bem particular, da qual pode haver quem discorde, sinto dentro da minha alma que os centros espíritas poderiam ampliar o acolhimento oferecido aos portadores de depressão, ansiedade, síndrome do pânico e tantos outros distúrbios emocionais. Há algumas experiências bem-sucedidas, reconheço, mas em geral, esse é um trabalho que continua incipiente.

Embora nós, espíritas, também estejamos sujeitos à natural gradação evolutiva, sinto que ainda fazemos pouco pela humanidade. Temos base, conhecimento, estudo e prática para fazer mais. Em especial no que tange à mediunidade curadora, da qual muitos parecem ter receio, tanto de conhecer quanto de aplicar aos necessitados ou até buscar para suas próprias mazelas espirituais e físicas.

A Terra abriga mais de oito bilhões de encarnados e ainda é insignificante o número de pessoas que conhecem o espiritismo como codificado a partir de 1857. É bem recente, eu sei, se compararmos a outras crenças, algumas delas milenares, muitas delas arraigadas em nosso DNA espiritual por força de milhares de encarnações pelas quais cada um de nós passou.

Mas tenho que abrir meu coração: é desconfortável saber que já temos posse da Terceira Revelação e a humanidade ainda desconhecê-la. Mesmo que médiuns extraordinários tenham passado pelo Brasil como Francisco Cândido Xavier e tantos outros que trabalharam de forma árdua para que o mundo espiritual fosse descortinado.

Outro dia questionei o espírito Dr. Ludwig sobre o que aconteceria se mil pessoas parassem na porta do centro espírita em busca de cura para suas dores. Expliquei que não saberia o que fazer.

E ele me respondeu:

– Olha que oportunidade maravilhosa de semear o Evangelho de Jesus, não era isso que você tanto queria em suas preces?

Isso me trouxe à realidade. Não precisamos ter medo da mediunidade curadora. Temos que estudá-la e aplicá-la de forma correta, responsável e caridosa. Quanto mais temos posse do entendimento daquilo que fazemos chamamos a atenção de espíritos bondosos que nos enxergam como instrumento de consolo do pranto alheio.

Por esse motivo, essa obra foi elaborada. Para retirar o misticismo que ronda os processos de cura e deixar um legado de conhecimento para grupos que desejam se aprofundar sobre o assunto de forma séria e coerente.

É a mesma proposta do livro *Curas espirituais à luz da doutrina espírita*: devolver a dignidade à mediunidade curadora. Fazer com que ela seja entendida, avaliada, percebida e praticada nos centros espíritas de forma responsável, acolhedora, serena, pautada na Ciência Espiritual e não em achismos, modismos, práticas estranhas.

O objetivo desse livro não é, pois, propor nova teoria sobre as curas espirituais. Apenas abordar alguns desdobramentos conceituais e práticos da mediunidade curadora.

Para tal certame dividimos o livro em três partes: entrevista com Allan Kardec, entrevista com médicos espirituais e relatos de casos de cura. Antecedem-nas um ensaio sobre curas e milagres. A primeira parte é a entrevista com Allan Kardec. **Não, não é Allan Kardec em espírito!** É uma entrevista fictícia com o codificador da doutrina dos espíritos acerca da mediunidade curadora. Propomos as perguntas, divididas por temas, e buscamos as respostas na obra de Kardec, principalmente em edições da *Revista Espírita*.

Será como uma espécie de bússola, uma pedra angular para o entendimento maior da medicina espiritual que ele já trabalhava com o Dr. Demeure, desde o início da codificação.

Em razão do método escolhido – entrevista – por vezes será necessário inserir uma frase curta introdutória ou conclusiva, de forma a manter a coerência textual, a coesão, ou seja, o fio da meada entre perguntas e respostas.

Deixamos[2] claro que não é Allan Kardec que irá responder diretamente, mas o espiritismo. Sabemos que essa doutrina não é a opinião de um único homem, mas um cabedal de conhecimentos universais

---

2   O verbo está no plural para indicar o autor encarnado e os espíritos que o auxiliam.

dos espíritos. É essa percepção geral dos espíritos que irá responder às nossas indagações.

Quando organizamos o texto em forma de perguntas permitimos que o conhecimento torne-se mais atraente e mais simples para que as pessoas possam compreender. Acreditamos que esse seja o motivo de *O Livro dos Espíritos* ser formado por perguntas.

Logo, tornar esse conhecimento vivo, interativo e mais compreensível é um dos postulados desse trabalho.

A segunda parte da obra é composta por entrevista com médicos espirituais ao longo de dois anos de interações e convívio mais profundos (os nomes dos médiuns vêm entre parênteses):

Hammed (Rafael Papa), Bartholomeu (Leonardo Couto), Charles Pierre (Maria Inez), Hermann (Roberto Augusto), Archimedes (Marcelo Reis) e Ludwig (Sérgio Cherci Jr.).

Tivemos a oportunidade de elaborar as perguntas e coletar as respostas na Fraternidade Espírita João Batista, no bairro de Campo Grande, na cidade do Rio de Janeiro.

A cada encontro com os espíritos sempre surgia um fato novo e algo a ser questionado. A sede de conhecimento nos permitiu "ouvi-los" relatar sua percepção da medicina espiritual e seus diversos desdobramentos conceituais e práticos.

É instigante essa proximidade com os espíritos. Uma oportunidade rara de categorizar os seus conhecimentos em forma de perguntas, friso, o que pode trazer grande conforto espiritual; e até abrir nosso pensamento para buscarmos os médicos espirituais diante de nossas dificuldades orgânicas, de forma séria, assertiva e responsável.

A terceira e última parte do livro consta de casos de cura que tivemos a oportunidade de presenciar na Fraternidade Espírita João Batista. Relatamos o caso na íntegra para que você também possa se emocionar com a oferta do remédio do Alto que vem ao encontro de nossos corações.

A propósito: no dia em que Sócrates foi assassinado, ele havia se reunido com alunos diversos e, como se fosse um dia qualquer de seu cotidiano de explanações, ministrou uma belíssima aula sobre a vida. Ao final, com serenidade, disse: "só vale a pena viver se estivermos prontos para morrer pelo que acreditamos".

Nós acreditamos na Medicina Espiritual.

E as razões dessa crença é o que expomos aqui para auxiliar aquele que esteja em busca de compreendê-la.

Que esse livro possa ser instrumento do amor que alimenta almas na vida de cada um dos leitores.

Rafael Papa

UM BREVE ENSAIO SOBRE CURAS E MILAGRES

Uma grande multidão dirigiu-se a ele, levando-lhe os aleijados, os cegos, os mancos, os mudos, e muitos outros, e os colocaram aos seus pés; e ele os curou (Mateus 15:30).

JESUS, CONSOLADOR DE ALMAS

JESUS, NÃO RARO, era visto caminhando com suas sandálias empoeiradas pela Galileia, há dois mil anos. Um simples filho de carpinteiro, nascido em Belém, mas com residência em Nazaré. Viveu entre nós, comeu, vestiu-se e falou no contexto da cultura judaica para se fazer compreendido.

Que alma era aquela?

Enquanto homens revestidos de poder e conhecimento muitas vezes buscavam escravizar ou aniquilar outros povos, o Cristo educava e transmitia conhecimento, sempre doce e amável.

De uma envergadura espiritual insondável aos nossos parcos entendimentos, era muito comum observá-lo estimulando as pessoas a buscarem suas melhores versões e atuando com compaixão no exercício do seu ministério.

Jamais foi visto diminuindo pessoas. Chamava-as pelo nome, ofertando-lhes a dignidade que a natureza desse mundo não é capaz de oferecer. E nesse processo, respeitava os desejos e anseios daqueles que o cercavam com sublimes olhares que falavam mais do que qualquer prédica.

Um olhar, uma palavra, uma expressão do Filho de Deus era capaz de fazer qualquer homem, por mais orgulhoso que fosse, dobrar os joelhos perante a sua superioridade moral.

A sua alimentação era a de todos. O pão poderia ser de trigo ou de cevada.

Não fazia distinção para auxiliar quem quer que fosse.

Onde dormia? Onde pudesse reclinar a cabeça e descansar.

Ele já não estava preocupado com os caprichos pessoais, mas sim, ser um instrumento de Deus na

Terra para conduzir a Humanidade a Deus. Todo e qualquer ser que buscar conduzir indivíduos ou um grupo de pessoas ao Seu pai é considerado exemplo divino.

Jesus contava parábolas. Os quatro evangelistas – Mateus, Marcos, Lucas e João – compuseram 15% de seus livros com suas parábolas. É um conteúdo considerável. Nos desperta o desejo de entender o motivo pelo qual ele se manifestava tanto por histórias.

Jesus curou. Incontáveis pessoas foram curadas por seu magnetismo espiritual.

As histórias sobre as curas tais quais as parábolas, compõem também, aproximadamente 15% dos textos dos quatro evangelistas, principalmente Lucas, que era médico.

Talvez, em razão de seu ofício, ele fosse apaixonado pelas curas de Jesus e, principalmente, pelo fato de ter visto seu amigo Paulo de Tarso curando a muitos em suas peregrinações. As curas eram palpáveis para esse evangelista, e por esse motivo, relata de forma tão esplêndida essa temática em seu Evangelho.

Todos se emocionam com as histórias, com os alívios e o restabelecimento da saúde do corpo físico que Jesus proporcionava aos que passavam por ele.

Naquele tempo e ainda hoje, a cada instante ele toca o coração de quem se aproxima em busca de suas curas, proporciona esperança a quem não conseguiu encontrar na medicina da Terra respostas para suas dores e aflições. E foi essa esperança que comoveu a mulher hemorroíssa, e a todos que buscaram e os que buscam o Cristo.

Ele ainda está conosco. Desejoso que a sua presença seja fortalecida entre nós:

Não mais ser visto como o Jesus histórico pregado em uma cruz, mas como sustentador do orbe e condutor de almas, ovelhas dispostas a caminhar pelas suas pegadas de fraternidade e amor.

Não mais ser conhecido como um líder religioso e revolucionário, mas como nosso irmão primogênito disposto a oferecer esclarecimentos sobre a rota espiritual da humanidade.

Não ser motivo de batalhas e guerras entre os homens fanáticos e polarizados, mas o príncipe da paz e da boa convivência.

Esse é o Cristo de volta aos nossos corações. Um irmão que cura e alivia as nossas dores por seus predicados espirituais. Como ele nos disse: "Vinde a mim, todo vós que estais cansados que eu vos aliviarei".

Guardemos essa promessa com o gentil cuidado de quem estoca um presente eterno para a trajetória espiritual de nossas almas.

Isto posto, passemos a uma reflexão:

HÁ MILAGRES?

O entendimento sobre o significado de milagre ainda gera bastante controvérsia, e é importante trazer a lume o contexto da formação do seu conceito para que não estejamos divorciados da realidade.

O primeiro ponto de discussão é compreender o significado atual da palavra milagre: "Fato sobrenatural oposto às leis da natureza. Portanto, maravilha, prodígio"[3].

Diante do significado apresentado podemos inferir sobre como teólogos e filósofos chegaram ao consenso na definição desse termo. Para que tal ensejo seja realizado precisamos buscar o entendimento da relação entre Deus e as leis da natureza.

O pesquisador e teólogo Alister McGrath (2020) em sua obra *Ciência e religião*, assim expôs:

> Os historiadores geralmente concordam que o conceito moderno de "leis da natureza", entendido como descrições matemáticas de regularidades sem exceção, surgiu pela primeira vez na cultura ocidental durante o início do período moderno, principalmente pela influência de Galileu, Kepler e Newton[4].

---

3 Disponível em: https://dicionariodoaurelio.com/milagre ou em http://michaelis.uol.com.br/moderno-portugues/busca/portugues-brasileiro/milagre/ (sugestões).

4 MCGRATH, Alister. *Fundamentos para o diálogo*. Rio de Janeiro: Thomas Nelson Brasil, 2020.

Pela percepção desses notáveis cientistas, as leis da natureza são os códigos da formatação de tudo que nos cerca. Por meio da regularidade do desencadeamento dessas, incontáveis fenômenos naturais, como por exemplo, das estações do ano, propiciam-nos interpretar e identificar a ação de Deus na Humanidade.

Segundo McGrath, Kepler reforça essa ideia ao dizer-nos que podemos imaginar Deus como o relojoeiro e o mundo como o relógio, ou seja, Ele age por meio das leis da natureza.

Para esse pesquisador, Deus dotou o mundo com um design autossustentável, de modo que possa funcionar posteriormente sem a necessidade de intervenção contínua.

Para esses estudiosos tínhamos por um lado, um universo mecânico governado por Deus através de leis imutáveis da natureza; e pelo outro prisma, a presença de Deus onipotente, que elaborava intervenções de tempos em tempos, violando assim as leis da natureza.

Robert Boyle, ao seguir essa direção, pontua a relação de Deus e as leis da natureza: "[...] Ele (Deus) não amarrou suas próprias mãos com elas, assim pode reforçar, suspender, anular e reverter qualquer uma delas quando achar conveniente".

David Hume (1990) trouxe em suas críticas interessantes relatos que validam que Deus pode violar as leis da natureza, contudo advoga que esse ato pode ser realizado por agentes invisíveis[5].

Tais pesquisadores defendem suas teses e apresentam demasiado ceticismo em suas abordagens, ao passo que temos a presença de dois notáveis estudiosos que não advogam a tese de que Deus revoga as leis da natureza.

Um deles é o filósofo holandês Baruch de Espinosa que defende argumentos interessantes os quais nos chamam atenção: "Nada acontece na natureza que esteja em contradição com as leis universais". E prossegue:

> Como um milagre representa uma violação ou contravenção das leis da natureza? Qualquer um que sugerir que Deus realizou milagres teria que aceitar que Deus contradisse sua própria natureza, o que claramente é um absurdo[6].

Embora o relato de Espinosa tenha ocorrido em 1670, recebeu, posteriormente, a reverência do cientista Albert Einstein que se debruçou sobre a temática e afirma: "os seguidores de Espinosa veem nosso Deus na maravilhosa ordem e regularidade de tudo o que

---

5 HUME, David. *Diálogos sobre a religião natural*. Nova York: Penguin, 1990.
6 Spinoza (1632-1677) foi importante filósofo racionalista holandês com interessantes abordagens sobre Deus e outros temas. Uma sugestão para conhecer um pouco mais sobre sua vida, pensamento e obra é https://www.ebiografia.com/baruch_de_espinosa/

26 · Rafael Papa

existe" [7]. E ao complementar seus esclarecimentos assevera que a crença em um Deus pessoal é uma fonte de potenciais conflitos entre ciência e religião.

Nessa obra, o autor define que a interferência de Deus em eventos do mundo não era condizente com a "regularidade ordenada" dos processos naturais, isto é, Deus não quebra as leis da natureza, pois foi Ele quem as concebeu em primeiro lugar. Fugir da concepção de um Deus caprichoso ou extravagante era um dos aspectos abordados.

É perceptível que existem dois pontos de discussão: os pensadores que colocam como hipótese que Deus revoga as leis da natureza e os que são contrários a esse pressuposto.

De forma esmagadora, a grande maioria dos estudiosos, cientistas e teólogos sustentam a primeira posição. E por esse motivo a etimologia da palavra mantém o milagre como um evento sobrenatural que suspende as leis da natureza.

O discurso da Igreja Católica que busca preservar a ideia de que Jesus, em razão de seus milagres é Deus, não admitindo nenhuma hipótese diversa, sufocou a iniciativa de muitos escritores e intelectuais quanto à análise e investigação científica dos milagres. Não havia liberdade de expressão plena para as tratativas

---

7   DUKAS, H.; HOFFMANN, B (eds). Carta a Cornelius Lanczos, 12 de março de 1942. *Einstein: o lado humano*. New Jersey: Princeton University Press, 1979.

sinceras sobre o assunto. Tornou Jesus uma figura distante do povo, inalcançável.

De fato, ele possui supremacia moral, mas sempre está conosco por meio da sustentação espiritual e direcionamentos que continua a dar ao planeta. O próprio Cristo apareceu após a crucificação afirmando que estaria conosco até o final dos tempos.

Muitos indivíduos, hoje, temem se aproximar de templos pela forma como são tratados. Os dogmas, os preconceitos, a ampla oferta de ódio aos diferentes, ainda distanciam o povo de Jesus. Apresentar um Jesus fora da cruz é uma forma de trazê-lo de volta ao seio dos habitantes da Terra.

Desenterrar a religião dos escombros dos desvarios do passado e potencializar a fé da humanidade é um dos objetivos da proposta espírita.

Com o objetivo de iluminar esse discurso e ampliar percepções traremos os conceitos dessa proposta codificada por Allan Kardec. Será um ponto de apoio para elaborarmos nossas convicções sobre essa tônica.

A doutrina dos espíritos define Deus como a suprema inteligência, causa primária de todas as coisas. Esclarece que para todo efeito inteligente existe uma causa inteligente.

Quando um indivíduo é acometido pela lepra, houve uma causa inteligente que foi o contágio. E algum evento ocorreu para que o contágio ocorresse.

Para o espiritismo não existe o acaso, uma vez que esse é o pressuposto de ausência de causas para que eventos ocorram. Para todo evento existe uma causa, frisa-se.

Entretanto, quais seriam as causas dos milagres?

Allan Kardec, de posse de conceitos trazidos pelos espíritos, nos assevera que as leis naturais são leis divinas, isto é, dentro do arcabouço de leis divinas estão contidas as leis naturais. E Deus se manifesta pelas leis da natureza. Caso alguém queira conhecer Deus, basta conhecer o livro da natureza que está exposto aos nossos olhos.

Essa afirmativa está de acordo com grande parte dos filósofos e teólogos aqui apresentados e tantos outros que se aproximaram do assunto com seriedade.

O espiritismo traz questões interessantes que giram em torno dos atributos de Deus. Para essa doutrina aquele que busca estudar Deus, mas não conhece os Seus verdadeiros atributos estaria cometendo erros crassos frente à compreensão do Criador. Muitas vezes os entendimentos filosóficos da religião podem se desvirtuar quando esses atributos são deixados de lado.

Um grande exemplo disso é a ideia de que existe um Deus que pune e castiga pessoas. Outra percepção distorcida é referente às penas eternas: seres seriam encaminhados para locais de sofrimento para todo o sempre, sem o mínimo de Perdão Divino.

Por essa razão o espiritismo apresenta dois atributos de Deus, importantes para essa reflexão sobre as leis divinas: Perfeito e Imutável.

Corrobora essa assertiva a pergunta de Kardec aos espíritos:

> 616. É possível que Deus, em certa época, tenha prescrito aos homens o que lhes proibiria em outra?
> R: Deus não se engana. Os homens são obrigados a mudar suas leis porque elas são imperfeitas, mas as de Deus são perfeitas. A harmonia que rege o universo material e o universo moral se fundamenta sobre as leis que Deus estabeleceu para toda a eternidade.

A pergunta 616 de *O Livro dos Espíritos* traz uma resposta intrigante e que está conforme as ideias filosóficas de Spinosa e científicas de Albert Einstein: Deus criou o mundo pelas leis naturais com soberania e profunda sabedoria que chega à perfeição, portanto, não precisa alterar as Suas leis, pois essas são perfeitas.

Nós, seres humanos, ainda conhecemos pouco dessas leis. Embora estejamos percebendo grande avanço tecnológico em todos os campos do mundo, a cada dia surge a notícia de uma nova descoberta, modificando ideias, padrões de pensamento e de ações.

No passado pensava-se que a Terra era plana, mas essa teoria foi por água abaixo. Afirmava-se, também, que, após uma lesão causada por um acidente vascular cerebral, a pessoa não seria capaz de recuperar os movimentos do corpo e a voz, o que frequentemente era real, em razão do conhecimento médico da época.

Contudo, a ciência revelou a neuroplasticidade que alterou o rumo dos indivíduos que apresentam essas dificuldades orgânicas, o que propiciou novos tratamentos.

Não tínhamos cura para o vírus do HIV, e hoje há medicamentos que são capazes de restabelecer a saúde para pessoas contaminadas por esse vírus.

E aqui surge uma das reflexões chaves dessa obra: existem milagres?

Para seguir as linhas de raciocínio quanto às descobertas de curas e o avanço tecnológico, precisamos retornar aos tempos de Jesus e elaborar algumas ponderações.

A medicina tradicional catalogou um número amplo de curas que Jesus promoveu há dois mil anos atrás. Muitas doenças, e nessa obra serão chamadas de patologias, já são conhecidas pela medicina e já existem tratamentos bastante eficazes.

Por exemplo, a lepra, hoje conhecida por hanseníase, moléstia apresentada pelos dez leprosos. Há pouco tempo ainda não havia solução, apenas alguns cuidados paliativos para essa enfermidade. Hoje existem diversas formas de tratamento que resultam em curas.

Temos as possessões que podemos perceber no caso do jovem lunático. Tais casos já possuem catalogação e prescrição de tratamento. Cada vez mais a ciência avança para admitir a presença de irmãos desencarnados que influenciam casos duríssimos de epilepsia, as várias formas de transtornos mentais, dentre outros.

A cura de um homem hidrópico também já possui tratamento na medicina tradicional.

O que essa obra vai apresentar é que todas as curas que Jesus promoveu relacionam-se a uma patologia conhecida. Naquele tempo era visto como algo sobrenatural, até porque não se conheciam tratamentos, mas hoje ninguém fica assombrado quando uma catarata é solucionada por aparelhos sofisticados de oftalmologia.

Diante desse cenário breve que será amplamente discutido durante o livro, guardemos uma pergunta no coração: como os milagres de Jesus são violações das leis da natureza se hoje a ciência já conseguiu conhecer, interpretar e medicar essas moléstias?

Acaso, as curas de Jesus não eram realizadas por leis que ainda não conhecemos?

Que leis são essas?

Kardec buscou expressar essa lacuna que ainda existe no meio científico, filosófico e religioso em seu livro *A Gênese*:

> A ciência deu a chave dos milagres que resultam, mais particularmente, do elemento material, seja os explicando, seja lhes demonstrando a impossibilidade, pelas leis que regem a matéria; mas os fenômenos em que o elemento espiritual toma parte preponderante, não podendo ser explicados unicamente pelas leis da Natureza, escapam às investigações da ciência: é por isso que eles têm, mais que os outros, os caracteres *aparentes* do maravilhoso. É, pois, nas leis que regem a vida espiritual que se pode encontrar a chave dos milagres desta categoria[8].

Kardec aponta nesse texto que a ciência material ainda não alcançou as leis espirituais, intrinsecamente envolvidas nas leis naturais, pois são criações de Deus.

As fronteiras entre espírito e matéria cada vez se tornam mais estreitas na academia científica, mas ainda existem interseções que precisam ser compreendidas para que ciência e espiritualidade possam andar de mãos dadas frente aos avanços tecnológicos, materiais e morais.

---

8 KARDEC, Allan. *A Gênese*. 10 ed. Catanduva: Boa Nova, 2020. Cap. XIV- Os fluidos.

A hipótese de Allan Kardec também é esposada por nós. Existem nas leis naturais eventos que ainda desconhecemos. Apenas com o curso do tempo iremos descerrar as cortinas da ignorância.

O que hoje nos aturde, amanhã será algo simples a ser resolvido pela ciência material. Nesse sentido, a hipótese que ora apresentamos é a existência de espíritos que agem com o intuito de nos beneficiar.

Pela ciência criada por Allan Kardec podemos nos aproximar dos fluidos espirituais. E as curas que hoje ocorrem sem explicação alguma são advindas por esse mecanismo natural.

Isto porque os espíritos fazem parte das leis da natureza. Admitir a sua existência e ação é endossar a inteligência de Deus que auxilia as Suas criaturas encarnadas por meio das desencarnadas.

É fato que a ciência material trouxe luz sobre inúmeras doenças curadas por Jesus, o que comprova que seus milagres não violam as leis naturais criadas por Deus. Apenas havia desconhecimento sobre essas e seus aspectos científico e espiritual, intimamente relacionados.

Em outras palavras, não havia ainda conhecimento claro do caráter divino intrínseco à ciência.

A fé racional e metodológica nos conclama, pois, a admitir que a ciência interpreta e estuda essas leis naturais que são divinas.

Há fortes evidências de que, diante de resultados reais obtidos sem o concurso total ou parcial das ciências terrenas no campo da saúde, os acadêmicos mais e mais se debruçam sobre o caráter científico e natural das teorias que aparentemente fogem da racionalidade e que ainda têm pertencido ao terreno do misticismo. Estamos prestes a desvendar novas fronteiras entre espírito e matéria.

Por consequência, dia virá em que a própria linguística revisará etimologia e semântica de "milagre" e encontraremos esse termo descrito de forma adequada nos dicionários.

Trazemos nessa obra as percepções de Allan Kardec e dos médicos espirituais sobre o mecanismo das curas espirituais, elaborando o que podemos conclamar de medicina espiritual.

E o que é medicina espiritual?

Podemos conceituá-la como uma ciência, que se utiliza de recursos e procedimentos de saúde, ainda pouco conhecida na Terra, mas que traz soluções às dificuldades e mazelas orgânicas nas quais a medicina tradicional ainda não obteve êxito, parcial ou totalmente.

É constituída por leis descortinadas pelo espiritismo e que muito auxiliam aos médicos e pacientes da medicina terrena. Os conceitos apresentados não valeriam de nada se não houvesse os curados. Se existem relatos de cura, melhoras clínicas e resultados inimagináveis, precisamos refletir de forma mais coerente sobre essas questões.

O grande sonho de Allan Kardec e dos médicos do espaço é que a medicina da Terra caminhe ao lado da medicina espiritual. É um futuro inevitável, comprovado pelos avanços que a Humanidade já empreendeu por meio das descobertas e avanços tecnológicos.

A proposta aqui é utilizar a razão para estudar as curas, vistas apenas como milagres nos tempos de Jesus, conceito que perdurou e por vezes foi distorcido ao longo dos séculos e que agora começa a ser revisto, acompanhando a evolução da compreensão e capacidades humanas.

Isto posto, lançamos uma pergunta que soa desconcertante:

Podemos admitir a possibilidade da existência de seres desencarnados e capacitados com técnicas espirituais com o objetivo de auxiliar pessoas que passam por dores do corpo e da alma?

As respostas nos serão dadas por Allan Kardec e os médicos espirituais que se dispuseram a nos esclarecer. Nunca é demais frisar, em relação ao codificador, que não se trata aqui de comunicação mediúnica e sim, compilações do que deixou escrito, especialmente na *Revista Espírita*.

PARTE 1

ENTREVISTA COM ALLAN KARDEC

ANTES DE ENTRARMOS na entrevista propriamente dita, julgamos interessante dar a conhecer a fonte de onde retiramos as respostas constantes nessa parte.

A *Revista Espírita* é um compêndio de artigos selecionados por Allan Kardec e publicados entre os anos 1858 e 1869. Contém tanto textos autorais quanto mensagens de espíritas da época, que colaboraram com Kardec para uma observação mais ampla dos conceitos e fenômenos que viriam alicerçar a doutrina espírita.

Funcionava também como veículo de interlocução e divulgação do espiritismo e ajudou a sustentar seus primeiros passos.

Nestas belíssimas publicações, tivemos a oportunidade de ver a maneira como Kardec tratava e organizava as práticas espíritas.

No que tange à mediunidade curadora selecionamos 25 artigos dentre os publicados.

Necessário é voltarmos ao espiritismo nascente e buscar beber das fontes límpidas que orientaram os trabalhos dos espíritas daqueles tempos. Resgatar esse cabedal de conceitos e experiências é também fazer um exame das nossas práticas contemporâneas nesse campo.

Com o intuito de facilitar o entendimento do leitor foram elaboradas perguntas a Allan Kardec. Frisamos que as perguntas não foram realizadas ao espírito do codificador do espiritismo, mas as criamos de forma fictícia.

Fizemos dessa forma pelo simples fato de tornar o conteúdo mais instigante e atrair o leitor para conhecer mais profundamente a mediunidade curadora.

Nesse sentido, trata-se de um diálogo franco e aberto com Allan Kardec e seria como se estivéssemos conversando com ele na sala de estar de nossa casa, buscando esclarecimentos que a bendita doutrina dos espíritos é capaz de oferecer.

O objetivo é aproximar a leitura da realidade das pessoas. Fazer com que elas se sintam parte do livro, imaginando as suas próprias perguntas e formando um pensamento crítico sobre as curas espirituais, seus processos, entendimentos, particularidades e o muito do que foi vivenciado nos primórdios da elaboração do espiritismo por Allan Kardec.

Essa entrevista abriga conhecimentos fundamentais que todos nós necessitamos para não mais enxergar os processos de cura sob o olhar místico, com bases frágeis e sim, construídas pelo conhecimento universal dos espíritos.

A IMPORTÂNCIA DA MEDIUNIDADE CURADORA

1) Quais os motivos que o levaram a exarar na *Revista Espírita* e não nas obras básicas do espiritismo conceitos aprofundados sobre a mediunidade de cura?

AK: Se um tratado regular e completo ainda não foi feito, isto se deve a duas causas: a primeira é que, a despeito de toda a atividade que desenvolvemos em nossos trabalhos, é-nos impossível fazer tudo ao mesmo tempo; a segunda, que é mais grave, está na insuficiência de noções que possuímos a respeito do assunto[9].

---

9   KARDEC, Allan. Da mediunidade curadora. *Revista Espírita: jornal de estudos psicológicos* (setembro, 1865). Catanduva: EDICEL, 2018. p.293-300.

2) Qual a relação da mediunidade de cura e os conceitos reveladores do espiritismo?

AK: O conhecimento da mediunidade curadora é uma das conquistas que devemos ao espiritismo; mas o espiritismo, que começa, ainda não pode ter dito tudo; ele não pode, de um só golpe, mostrar-nos todos os fatos que abarca; diariamente ele mostra fatos novos, dos quais decorrem novos princípios, que vêm corroborar ou completar os já conhecidos, mas é necessário tempo material para tudo[10].

3) Qual a perspectiva futura sobre os estudos da mediunidade curadora?

AK: A mediunidade curadora deveria ter a sua vez. Embora parte integrante do espiritismo, ela é por si só toda uma ciência, porque se liga ao magnetismo e abarca não só as doenças propriamente ditas, mas todas as variedades de obsessões, tão numerosas e complexas que, também elas, influem no organismo. Não é, pois, nalgumas palavras que se pode desenvolver um assunto tão vasto.

Nele trabalhamos, como em todas as outras partes do espiritismo, mas, como aí nada queremos introduzir de pessoal e de hipotético, procedemos somente pelas vias da experiência e da observação.

---

10 Idem

Medicina espiritual · 43

Não nos permitindo os limites deste artigo lhe dar o desenvolvimento que comporta, resumimos alguns dos princípios fundamentais, que a experiência consagrou[11].

4) Há alguma relação entre a mediunidade curadora e o avanço do espiritismo como crença no mundo?

AK: Como já vos foi dito muitas vezes nas diferentes instruções, a mediunidade curadora, conjuntamente com a faculdade de vidência, é chamada a desempenhar um grande papel no período atual da Revelação. São os dois agentes que cooperam com a maior força na regeneração da Humanidade e para a fusão de todas as crenças numa crença única, tolerante, progressiva, universal[12].

5) Existem médiuns que são curadores sem o saber?

AK: Se a mediunidade curadora pura é privilégio das almas de escol, a possibilidade de suavizar certos sofrimentos, mesmo de curar, ainda que não instantaneamente, certas moléstias, a todos é dada, sem que haja necessidade de ser magnetizador.

---

11 Idem.
12 KARDEC, Allan. Dissertações espíritas: Conselhos sobre a mediunidade curadora (Outubro, 1867). *Revista Espírita: jornal de estudos psicológicos*. Catanduva, SP: EDICEL, 2018. p.362-366.

O conhecimento dos processos magnéticos é útil em casos complicados, mas não indispensável. Como a todos é dado apelar aos bons espíritos, orar e querer o bem, muitas vezes basta impor as mãos sobre uma dor para acalmá-la; é o que pode fazer qualquer indivíduo, se ele estiver dotado de fé, fervor, vontade e confiança em Deus.

É de notar que a maior parte dos médiuns curadores inconscientes, aqueles que não se dão conta de sua faculdade, e que por vezes são encontrados nas mais humildes posições e em gente privada de qualquer instrução, recomendam a prece e orando se ajudam mutuamente.

Apenas sua ignorância lhes faz crer na influência desta ou daquela fórmula. Às vezes, mesmo, a isto misturam práticas evidentemente supersticiosas, às quais devemos atribuir o valor que elas merecem.[13]

6) É um erro quando um espírita desmerece a mediunidade curadora?

AK: É um erro crer que aqueles que não partilham de nossas ideias não terão a menor repugnância em experimentar essa faculdade. A mediunidade curadora racional está intimamente ligada ao

---

13 Idem

espiritismo, porque repousa essencialmente no concurso dos espíritos.

Ora, aqueles que não creem nos espíritos nem em sua própria alma, e ainda menos na eficácia da prece, não saberiam colocar-se nas condições requeridas, pois isto não é coisa que se possa experimentar maquinalmente. **Entre os que acreditam na alma e na sua imortalidade, quantos ainda hoje não recuariam de medo ante um apelo aos bons espíritos, por receio de atrair o demônio, e que ainda julgam de boa-fé que todas as curas são obra do diabo?** (grifo nosso)

O fanatismo é cego; não raciocina. Certamente não será sempre assim, mas ainda passará muito tempo antes que a luz penetre em certos cérebros. Enquanto se espera, façamos o maior bem possível, com o auxílio do espiritismo; façamo-lo mesmo aos nossos inimigos, ainda que tivéssemos de ser pagos com a ingratidão. É o melhor meio de vencer certas resistências e de provar que o espiritismo não é tão negro como alguns pretendem[14].

---

14 KARDEC, Allan. Da mediunidade curadora. *Revista Espírita: jornal de estudos psicológicos* (setembro, 1865). Catanduva: EDICEL, 2018. p.293-300. (na época, o termo **negro** era comumente utilizado em referência a algo obscuro ou maléfico. Certamente que hoje Kardec utilizaria outra palavra, mas não nos cabe adulterar e sim, estudar suas palavras de acordo com o contexto em que foram exaradas e compreendê-las com a mentalidade atual, sem fazer disso "cavalo de batalha", como tem ocorrido com obras-primas de tantos escritores, uma vez que o fanatismo continua cego).

RELAÇÃO ENTRE MAGNETISMO E ESPIRITISMO

7) Podemos elaborar alguma linha conceitual entre o magnetismo e o espiritismo?

AK: O magnetismo preparou o caminho do espiritismo, e os rápidos progressos desta última doutrina são incontestavelmente devidos à vulgarização das ideias sobre a primeira. Dos fenômenos magnéticos, do sonambulismo e do êxtase às manifestações espíritas há apenas um passo; sua conexão é tal que, por assim dizer, é impossível falar de um sem falar do outro.

Se tivermos que ficar fora da ciência do magnetismo, nosso quadro ficará incompleto e poderemos ser comparados a um professor de física que se abstivesse de falar da luz.

Contudo, como o magnetismo já possui entre nós órgãos especiais justamente acreditados, seria supérfluo insistirmos sobre um assunto tratado com superioridade de talento e de experiência. A ele não nos referiremos, pois, senão acessoriamente, mas de maneira suficiente para mostrar as relações íntimas das duas ciências que, na verdade, não passam de uma[15].

---

15 KARDEC, Allan. Magnetismo e espiritismo. *Revista Espírita: jornal de estudos psicológicos* (março, 1858). Catanduva: EDICEL, 2017.

MEDICINA ESPIRITUAL · 47

8) Como perceber o fenômeno de magnetismo espiritual?

AK: Uma boa resposta é a que nos foi dada pelo espírito do senhor Quinemant através da mediunidade do senhor Desliens: "Ocupei-me em vida da prática do magnetismo do ponto de vista exclusivamente material. Ao menos assim o cria. Hoje sei que a elevação voluntária ou involuntária da alma que faz desejar a cura do doente é uma verdadeira magnetização espiritual" [16].

9) Como ocorre a cura espiritual sob o prisma do magnetismo?

AK: O fluido transmissor da saúde no magnetismo é um intermediário entre a matéria e a parte espiritual do ser, e que poderia comparar-se ao perispírito. Ele une dois corpos um ao outro; é um ponto sobre o qual passam os elementos que devem trazer a cura nos órgãos doentes. Sendo um intermediário entre o espírito e a matéria, em consequência de sua composição molecular, esse fluido pode transmitir tão bem uma influência espiritual quanto uma influência puramente animal[17].

---

16 KARDEC, Allan. Dissertações espíritas: O magnetismo e o espiritismo comparados. *Revista Espírita: jornal de estudos psicológicos* (junho, 1867). Catanduva: EDICEL, 2018. p.218-221.
17 Idem.

O DESENVOLVIMENTO DA MEDIUNIDADE CURADORA

10) Tem algum exemplo consistente do desenvolvimento da mediunidade de cura em suas observações?

AK: Melhor serão compreendidos os ensinamentos que vamos dar a respeito da senhorinha Désirée Godu, cuja faculdade oferece um caráter da mais notável especialidade. Há cerca de oito anos, passou ela sucessivamente por todas as fases da mediunidade; a princípio, poderoso médium de efeitos físicos, tornou-se, alternativamente, médium vidente, auditivo, falante, escrevente, e, finalmente, todas as suas faculdades se concentram na cura de doentes, que parecia ser a sua missão, missão que desempenha com um devotamento sem limites[18].

11) Quais qualidades do médium podem auxiliar para que a mediunidade curadora possa ser potencializada?

AK: O fluido humano está sempre mais ou menos impregnado de impurezas físicas e morais do encarnado; o dos bons espíritos é necessariamente mais puro e, por isto mesmo, tem propriedades

---

18 KARDEC, Allan. Um médium curador. *Revista Espírita: jornal de estudos psicológicos* (março, 1860). Catanduva: EDICEL, 2016. p.88-91.

mais ativas, que acarretam uma cura mais rápida. Mas, passando através do encarnado, pode alterar-se como um pouco de água límpida passando por um vaso impuro, como todo remédio se altera se permanece muito tempo num recipiente impróprio e perde, em parte, suas propriedades benéficas.

Daí, para todo verdadeiro médium curador, a necessidade absoluta de trabalhar sua depuração, isto é, seu melhoramento moral, segundo este princípio vulgar: Limpai o vaso antes de vos servirdes dele, se quiserdes ter algo de bom. Só isto basta para mostrar que o primeiro que aparecer não poderá ser um médium curador, na verdadeira acepção da palavra[19].

12) Existe a necessidade de o médium curador estudar anatomia ou demais questões da natureza a fim de auxiliar os espíritos na tarefa?

AK: A senhorinha Godu recebeu apenas uma instrução comum; mas o principal de sua educação não devia ser obra dos homens. Quando concordou em ser médium curador, o espírito procedeu metodicamente à sua instrução, sem que ela nada visse além de mãos.

---

19 KARDEC, Allan. Da mediunidade curadora. *Revista Espírita: jornal de estudos psicológicos* (setembro, 1865). Catanduva: EDICEL, 2018. p.293-300.

Um misterioso personagem lhe punha sob os olhos livros, gravuras ou desenhos, e lhe explicava todo o organismo humano, as propriedades das plantas, os efeitos da eletricidade etc.

Ela não é sonâmbula: ninguém a adormece. É desperta, e bem desperta, e penetra os doentes com seu olhar. O espírito lhe indica os remédios, que geralmente ela mesma prepara e aplica, cuidando e pensando os feridos mais repugnantes com a dedicação de uma irmã de caridade[20].

13) Como surge a mediunidade de cura? Essa aptidão pode ser desenvolvida sem o indivíduo ser médium?

AK: A mediunidade curadora é uma aptidão inerente ao indivíduo, como todos os gêneros de mediunidade, entretanto, o resultado efetivo dessa aptidão independe de sua vontade.

Incontestavelmente, ela se desenvolve pelo exercício, sobretudo pela prática do bem e da caridade; mas, como não poderia ter a constância nem a regularidade de um talento adquirido pelo estudo, e do qual se é sempre senhor, ela não poderia tornar-se uma profissão.

---

20 KARDEC, Allan. Um médium curador. *Revista Espírita: jornal de estudos psicológicos* (março, 1860). Catanduva: EDICEL, 2016. p.88-91.

Seria, pois, abusivo alguém apresentar-se ao público como médium curador. Estas reflexões não se aplicam aos magnetizadores, porque a força está neles e eles têm a liberdade de dela dispor[21].

MEDICAÇÕES CITADAS POR ESPÍRITOS

14) Poderia conceituar um médium escrevente?

AK: Os médiuns que recebem indicações de remédios, da parte dos espíritos, não são o que se chama médiuns curadores, pois eles próprios não curam; são simples médiuns escreventes, que têm uma aptidão mais especial que os outros para esse gênero de comunicações e que, por isto mesmo, podem ser chamados médiuns consultores, como outros são médiuns poetas ou desenhistas.

A mediunidade curadora é exercida pela ação direta do médium sobre o doente, com o auxílio de uma espécie de magnetização de fato, ou pelo pensamento[22].

---

21 KARDEC, Allan. Da mediunidade curadora. *Revista Espírita: jornal de estudos psicológicos* (setembro, 1865). Catanduva: EDICEL, 2018. p.293-300.
22 Idem.

15) Há algum caso de algum indivíduo que tenha sido auxiliado por prescrição de remédios ditada por espíritos?

AK: Sim, como me foi relatado:

Um homem doente, chamado Paquine, que mora numa comuna próxima, veio ver-me, há um mês, andando de muletas. Admirado de vê-lo assim, indaguei do acidente. Respondeu-me que há algum tempo suas pernas estavam demasiadamente inchadas e cobertas de úlceras, e que nenhum remédio fazia efeito.

Esse homem é espírita e tem alguma mediunidade. Disse-lhe que era necessário dirigir-se a espíritos bons e fazê-lo com fervor. No dia de Todos os Santos vi-o na missa, com uma simples bengala. No dia seguinte veio ver-me e contou o seguinte:

"– Senhor – disse ele – desde que me recomendou empregar os bons espíritos para obter a cura, não deixei uma noite, e algumas vezes durante o dia, de invocá-los e de lhes mostrar quanto o meu mal me trazia dificuldades para ganhar a vida.

"Havia apenas cinco ou seis dias que assim orava quando uma noite, estando adormecido, apareceu-me no meio do quarto um homem todo de branco. Ele avançou para o meu aparador e pegou um boião, no qual havia graxa de que eu me servia para aliviar as dores das pernas.

MEDICINA ESPIRITUAL · 53

"Mostrou-me o boião e depois, tomando fumo que eu conservava sobre um papel, mostrou-me também. Em seguida foi buscar um vidro com extrato de saturno, depois uma garrafa com essência de terebintina. Mostrando tudo, indicou-me que era preciso fazer uma mistura.

"Indicou-me a dose, despejando-a no boião. Depois de fazer sinais de amizade, desapareceu. No dia seguinte fiz o que o espírito havia indicado e desde então as pernas entraram em excelente via de cura. Hoje só me resta uma inchação no pé, que desaparece aos poucos, pela eficácia do remédio. Espero em breve estar curado"[23].

16) E qual a sua recomendação sobre as curas obtidas por uso de remédios orientados por espíritos?

AK: Eu diria, como na mensagem a seguir, que:

Examinando a vulgaridade, e quase sempre a simplicidade dos remédios indicados pelos espíritos em geral, eu me pergunto se daí não seria possível concluir que o remédio em si não passa de simples fórmula e que é a influência fluídica do espírito que opera a cura. Penso que a questão poderia ser estudada[24].

---

23 KARDEC, Allan. Variedades: Cura por um espírito. *Revista Espírita: jornal de estudos psicológicos* (fevereiro, 1863). Catanduva: EDICEL, 2017. p.75-76.
24 Idem.

17) É possível que a água seja utilizada como remédio para curar os males do corpo físico?

AK: A questão não nos parece duvidosa, sobretudo quando se conhecem as propriedades que a ação magnética pode dar às substâncias mais benignas, como a água, por exemplo.

Ora, como os espíritos magnetizam também, eles certamente podem, conforme as circunstâncias, dar propriedades curativas a certas substâncias. Se o espiritismo revela todo um mundo de seres pensando e agindo, revela, também, forças materiais desconhecidas, que um dia serão aproveitadas pela ciência.

ALGUNS CASOS DE CURAS ESPIRITUAIS NO TEMPO DE KARDEC

Nessa sequência da entrevista, perguntamos ao insigne codificador sobre alguns casos específicos de patologias como epilepsia, dificuldades ortopédicas e outras bem conhecidas para ampliar a compreensão sobre os processos de cura espiritual.

18) Poderia detalhar algum caso relativo à epilepsia?

AK: Posso citar o caso da Sra. P. como me foi relatado e que expus na revista de janeiro de 1864:

Há vinte anos a Sra. P. estava afetada por uma hiperestesia aguda ou exagerada sensibilidade da pele, moléstia que há quinze anos a retinha em seu quarto. Ela mora numa pequena cidade vizinha e, tendo ouvido falar de nosso grupo espírita, veio buscar alívio junto de nós. Ao cabo de trinta e cinco dias ela voltou para casa completamente curada. Durante esse tempo ela recebeu diariamente um quarto de hora de emissão fluídica, com o concurso de nossos guias espirituais.

Ao mesmo tempo estendíamos os nossos cuidados a um epiléptico, afetado por esse mal há vinte e sete anos. As crises se repetiam quase todas as noites, durante as quais sua mãe passava longas horas à sua cabeceira.

Trinta e cinco dias bastaram para essa cura importante, e como ficou feliz aquela mãe, levando seu filho radicalmente curado!

Nós nos revezávamos os três de oito em oito dias. Para a emissão do fluido, ora colocávamos a mão no vazio do estômago do doente, ora sobre a nuca, na raiz do pescoço.

Cada dia o doente podia constatar alguma melhora. Nós mesmos, após a evocação e durante o recolhimento, sentíamos o fluido exterior nos invadir, passar em nós e escapar-se dos dedos estirados e

56 · RAFAEL PAPA

do braço distendido para o corpo do paciente que tratávamos[25].

19) E no campo ortopédico, há algum caso de cura?

AK: A Sra. G. via um espírito curvado sobre sua perna, mas as suas feições ficavam ocultas. Ele operava fricções e massagens, fazendo de vez em quando uma tração longitudinal sobre a parte doente, absolutamente como teria feito um médico.

A operação era tão dolorosa que a paciente por vezes vociferava e fazia movimentos desordenados. Mas a crise não teve longa duração. Ao cabo de dez minutos, todos os traços de entorse haviam desaparecido. Não havia mais inflamação e o pé tinha retomado sua aparência normal. A Sra. G. estava curada.

Quando se pensa que, para curar completamente uma afecção desse gênero, os mais bem-dotados magnetizadores e os mais exercitados, sem falar da medicina oficial, que ainda não chegou a uma conclusão sobre tais casos, precisam de um tratamento cuja duração nunca é de menos de trinta e seis horas, para isso consagrando três sessões espirituais diárias de uma hora, esta cura em dez minutos, pelo fluido espiritual, pode bem ser considerada como

---

25 KARDEC, Allan. Médiuns Curadores. *Revista Espírita: jornal de estudos psicológicos* (janeiro, 1864). Catanduva: EDICEL, 2017. p.12-18.

MEDICINA ESPIRITUAL · 57

instantânea, com tanto mais razão, como diz o próprio espírito numa comunicação que se encontra a seguir, que era de sua parte uma primeira experiência, feita visando uma aplicação posterior, em caso de êxito[26].

20) Poderia detalhar algum caso que envolva a cura em algum processo de paralisia?

AK: Posso exemplificar com o caso de uma jovem princesa, levado a efeito pelo médium curador, príncipe Hohenlohe, como me foi relatado:

[...] eis um resumo do que a respeito escreveu o Sr. Scharold, conselheiro de legação em Wurtzbourg e testemunha de grande parte das coisas que relata:

"Há dois anos, uma princesa de dezessete anos, Mathilde de Schwartzemberg, filha do príncipe deste nome, se achava na casa de saúde do Sr. Haine, em Wurtzbourg.

"Era-lhe absolutamente impossível andar. Em vão os médicos mais famosos da França, da Itália e da Áustria tinham esgotado todos os recursos de sua arte para curar a princesa dessa enfermidade.

"Somente o Sr. Haine, que obteve ajuda das luzes e da experiência do célebre médico Sr. Textor,

---

26 KARDEC, Allan. Poder curativo do magnetismo espiritual – Espírito do Dr. Demeure. *Revista Espírita: jornal de estudos psicológicos* (abril, 1865). Catanduva: EDICEL, 2018. p.131-135. (a comunicação referida pode ser lida no artigo original).

tinha conseguido, à força de cuidados prodigalizados à doente, pô-la em condições de manter-se de pé; e ela, fazendo esforços, tinha conseguido executar alguns movimentos como para andar, mas sem andar realmente.

"Pois bem! A 20 de junho de 1821 ela deixou o leito de repente, e andou muito livremente.

"Eis como a coisa se passou. De manhã, pelas dez horas, o príncipe Hohenlohe foi visitar a princesa, que mora na casa do Sr. Reinach, deão do capítulo. Quando entrou em seu apartamento perguntou-lhe, como em conversa, em presença de sua governanta, se tinha fé firme que Jesus Cristo poderia curá-la de sua doença.

"À sua resposta de que estava intimamente persuadida, o príncipe disse à piedosa doente que orasse do fundo do coração e pusesse sua confiança em Deus.

"Quando ela parou de orar, o príncipe lhe deu sua bênção e disse:

'Vamos, princesa, levantai-vos; agora estais curada e podeis andar sem dores...'

"Todas as pessoas da casa foram chamadas imediatamente. Não sabiam como exprimir seu espanto por uma cura tão pronta e tão incompreensível. Todos caíram de joelhos na mais viva emoção e cantaram louvores ao Todo-Poderoso.

Felicitaram a princesa por sua felicidade e juntaram suas lágrimas às que a alegria fazia correr de seus olhos"[27].

Eu mesmo vi com que prontidão e solidez o príncipe Hohenlohe curou crianças. Tinham-lhe trazido um menino do campo, que só andava com muletas. Poucos minutos depois, esse menino, transbordando de alegria, corria pela rua sem as muletas.

Nesse meio tempo, um menino mudo, que apenas soltava alguns sons inarticulados, foi trazido ao príncipe. Alguns minutos depois, começou a falar.

Pouco depois, uma pobre mulher trouxe sua filhinha às costas, com ambas as pernas estropiadas. Pô-la aos pés do príncipe. Um momento depois ele entregou a menina à sua mãe, que então viu a filha correr e pular de alegria[28].

Uma pessoa ilustre (o príncipe real da Baviera), foi curado imediatamente de uma moléstia que, segundo as regras da medicina, exigia muito tempo e daria muito sofrimento. Esta notícia causou viva alegria nos corações dos habitantes de Wurtzbourg.

---

27 KARDEC, Allan. O príncipe de Hohenlohe, médium curador. *Revista Espírita: jornal de estudos psicológicos* (dezembro, 1866). Catanduva: EDICEL, 2018. p.430-438.
28 Idem.

O príncipe de Hohenlohe também teve êxito na cura de uma doente que duas vezes tinha tentado curar, mas que, a cada vez, apenas tinha obtido um ligeiro alívio. Esta cura foi operada na cunhada do Sr. Broili, negociante. Há muito tempo ela era afligida por uma paralisia muito dolorosa. A casa vibrou, em gritos de alegria[29].

21) E houve algum processo de recuperação de audição?

AK: O príncipe de Hohenlohe deu outro exemplo notável da graça que possui. A esposa de um ferreiro da Rua Semmels não podia mais ouvir nem mesmo as batidas da marreta de sua forja.

Ela foi encontrar o príncipe no pátio do presbitério Hung e pediu-lhe socorro. Enquanto estava de joelhos, ele lhe impôs as mãos sobre a cabeça, e tendo orado algum tempo, com os olhos erguidos para o céu, tomou-a pela mão e a ergueu.

Qual não foi o espanto dos espectadores quando essa mulher, levantando-se, disse que ouvia soar o relógio da igreja! Voltando para casa, não deixava de contar a todos que a interrogavam o que acabara de acontecer[30].

---

29 Idem.
30 Idem.

22) Há algum processo de cura de patologia relativa à visão?

AK: Uma mulher de Neustadt, paralítica e cega, lhe foi trazida numa charrete. Estava cega há vinte e cinco anos.

Pelas três horas da tarde apresentou-se no castelo de nossa cidade, para implorar o socorro do príncipe de Hohenlohe, no momento em que ele entrava no vestíbulo, que tem a forma de grande tenda. Caindo aos pés do príncipe, ela suplicava, em nome de Jesus Cristo, que lhe prestasse socorro.

O príncipe orou por ela, deu-lhe sua bênção e lhe perguntou se acreditava firmemente que em nome de Jesus ela poderia recuperar a vista. Como respondeu que sim, mandou que se erguesse.

Ela se retirou. Mas, logo que se afastou alguns passos, de repente seus olhos se abriram. Ela viu, e deu todas as provas que lhe pediram da faculdade que acabara de recuperar. Todas as testemunhas desta cura, entre as quais grande número de senhores da corte, ficaram deslumbrados de admiração[31].

---

31 Idem.

23) Há mais algum caso de recuperação da saúde que possa nos relatar?

AK: A cura de uma mulher do hospital civil, que haviam trazido ao príncipe, não é menos admirável. Essa mulher, chamada Elisabeth Laner, filha de um sapateiro, tinha a língua tão vivamente afetada que por vezes passava quinze dias sem poder articular uma sílaba. Suas faculdades mentais tinham sofrido muito. Quase tinha perdido o uso dos membros, de sorte que ficava no leito como uma massa.

Pois bem! Essa pobre mulher foi hoje ao hospital sem ajuda de ninguém. Ela goza de todos os sentidos, como há doze anos, e sua língua soltou-se tão bem que ninguém no hospício fala com tanta volubilidade quanto ela.[32]

O ENTENDIMENTO SOBRE A CURA ESPIRITUAL

24) Quando se pode considerar o surgimento da mediunidade curadora por meio do espiritismo?

AK: O espiritismo moderno não descobriu nem inventou a mediunidade curadora e os médiuns curadores, como também não descobriu nem inventou outros fenômenos espíritas. Considerando-se

32 Idem

MEDICINA ESPIRITUAL · 63

que a mediunidade curadora é uma faculdade natural subordinada a uma lei, como todos os fenômenos da Natureza, ela deve ter-se produzido em diversas épocas, como o constata a História, mas estava reservado ao nosso tempo, com o auxílio das novas luzes que possuímos, dar-lhe uma explicação racional e fazê-la sair do domínio do maravilhoso[33].

25) Um médium curador pode intermediar uma cura espiritual. Como esse fato ocorre?

AK: Vou repetir aqui um trecho de mensagem publicada na edição de dezembro de 1866 da *Revista Espírita*:

A vontade muitas vezes foi mal compreendida. Em geral o que magnetiza não pensa senão em desdobrar sua força fluídica, em derramar seu próprio fluido sobre o paciente submetido a seus cuidados, sem se preocupar se há ou não uma Providência interessada no caso tanto ou mais que ele. Agindo sozinho, ele não pode obter senão o que sua força sozinha pode produzir, ao passo que nossos médiuns curadores começam por elevar sua alma a Deus e por reconhecer que por si mesmos nada podem.

Eles fazem, por isto mesmo, um ato de humildade, de abnegação, e então, confessando-se fracos por si mesmos, Deus, em sua solicitude, lhes envia

---

33 Idem.

64 · Rafael Papa

poderosos socorros que o primeiro não pode obter, porque ele se julga suficiente para o empreendimento. Deus sempre recompensa a humildade sincera, elevando-a, ao passo que rebaixa o orgulho. Esse socorro que ele envia são os bons espíritos que vêm penetrar o médium com seu fluido benéfico, que este transmite ao doente.

Também é por isto que o magnetismo emprega-do pelos médiuns curadores é tão potente e produz essas curas qualificadas de miraculosas, e que são devidas simplesmente à natureza do fluido derrama-do sobre o médium.

Enquanto o magnetizador ordinário se esgota, por vezes em vão, a fazer passes, o médium curador infiltra um fluido regenerador pela simples imposi-ção das mãos, graças ao concurso dos bons espíritos. No entanto, esse concurso só é concedido à fé sincera e à pureza de intenção".[34]

26) Poderia detalhar como funciona a troca fluídi-ca entre o médium de cura e a pessoa assistida?

AK: Como procede um magnetizador ordinário? Suponhamos que ele queira agir, por exemplo, sobre um braço. Ele concentra sua atenção sobre esse mem-bro e, por um simples movimento de seus dedos,

---

34 KARDEC, Allan. Médiuns curadores. *Revista Espírita: jornal de estudos psico-lógicos* (janeiro, 1864). Catanduva: EDICEL, 2017. p.12-18.

MEDICINA ESPIRITUAL · 65

executados à distância e em todos os sentidos, agindo absolutamente como se o contato da mão fosse real, dirige uma corrente fluídica sobre o ponto desejado. O espírito não age diversamente. Sua ação fluídica se transmite de perispírito a perispírito, e deste ao corpo material. O estado de sonambulismo facilita consideravelmente essa ação, graças ao desprendimento do perispírito, que melhor se identifica com a natureza fluídica do espírito, e sofre, então, a influência magnética espiritual, elevada ao seu maior poder[35].

27) Qual o papel da vontade no processo de mediunidade de cura?

AK: Deixarei que o apóstolo Paulo responda com mais propriedade sobre a questão:

"Uma palavra sobre os médiuns curadores, dos quais acabais de falar. Eles estão todos nas mais louváveis disposições; eles têm a fé que transporta montanhas, o desinteresse que purifica os atos da vida e a humildade que os santifica.

"Que eles perseverem na obra de beneficência que empreenderam; que se lembrem bem que aquele que pratica as leis sagradas que o espiritismo ensina aproxima-se

---

35 KARDEC, Allan. Cura de uma fratura, pela magnetização espiritual. *Revista Espírita: jornal de estudos psicológicos* (setembro, 1865) . Catanduva: EDICEL, 2018. p.300-306.

constantemente do Criador. Que, ao empregarem sua faculdade, a prece, que é a vontade mais forte, seja sempre seu guia, seu ponto de apoio.

"Em toda sua existência, o Cristo vos deu a mais irrefutável prova da mais firme vontade, mas era a vontade do bem e não a do orgulho. Quando, por vezes, ele dizia eu quero, essa palavra estava cheia de unção. Seus apóstolos, que o cercavam, sentiam abrir-se seus corações a esta palavra santa.

"A doçura constante do Cristo, sua submissão à vontade de seu Pai, sua perfeita abnegação, são os mais belos modelos de vontade que se pode propor como exemplo"[36].

PAULO, apóstolo

AK: Mas se a vontade for ineficaz quanto ao concurso dos espíritos, é onipotente para imprimir ao fluido, espiritual ou humano, uma boa direção e uma energia maior.

No homem apático e distraído, a corrente é débil e a emissão é fraca; o fluido espiritual para nele, mas sem proveito para ele; no homem de vontade enérgica, a corrente produz o efeito de uma ducha.

Não se deve confundir vontade enérgica com teimosia, porque a teimosia é sempre resultado do

---

36 KARDEC, Allan. Médiuns Curadores. *Revista Espírita: jornal de estudos psicológicos* (janeiro, 1864). Catanduva: EDICEL, 2017. p.12-18.

orgulho ou do egoísmo, ao passo que o mais humilde pode ter a vontade do devotamento.

A vontade é ainda onipotente para dar aos fluidos as qualidades especiais apropriadas à qualidade do mal. Este ponto, que é capital, se liga a um princípio ainda pouco conhecido, mas que está em estudo, o das criações fluídicas e das modificações que o pensamento pode produzir na matéria.

O pensamento, que provoca uma emissão fluídica, pode operar certas transformações moleculares e atômicas, como vemos se produzirem sob a influência da eletricidade, da luz ou do calor[37].

28) Como o fluido magnético pode agir diretamente nos órgãos tornando-os saudáveis?

Algumas explicações facilmente darão a compreender o que se passa nesta circunstância. Sabe-se que o fluido magnético ordinário pode dar a certas substâncias propriedades particulares ativas. Neste caso, ele age de certo modo como agente químico, modificando o estado molecular dos corpos.

Não há, pois, nada de extraordinário no fato de ele ter a capacidade de modificar o estado de certos órgãos, mas compreende-se igualmente que sua ação, mais ou menos salutar, deve depender de sua

---

37 KARDEC, Allan. Da mediunidade curadora. *Revista Espírita: jornal de estudos psicológicos* (setembro, 1865). Catanduva: EDICEL, 2018. p.293-300.

68 · RAFAEL PAPA

qualidade, daí as expressões "bom ou mau fluido; fluido agradável ou penoso".

Na ação magnética propriamente dita, é o fluido pessoal do magnetizador que é transmitido, e sabe-se que esse fluido, que não é senão o perispírito, participa sempre, mais ou menos, das qualidades materiais do corpo, ao mesmo tempo em que sofre a influência moral do espírito.

É, pois, impossível que o fluido próprio de um encarnado seja de uma pureza absoluta, razão pela qual sua ação curativa é lenta, por vezes nula, outras vezes até nociva, porque ele pode transmitir ao doente princípios mórbidos[38].

29) Qual a diferença entre um magnetizador e um médium curador?

AK: Quem diz médium diz intermediário. A diferença entre o magnetizador propriamente dito e o médium curador é que o primeiro magnetiza com seu fluido pessoal e o segundo com o fluido dos espíritos, aos quais serve de condutor. O magnetismo produzido pelo fluido do homem é o magnetismo humano; o que provém do fluido dos espíritos é o magnetismo espiritual[39].

---

38 KARDEC, Allan. Médiuns curadores. *Revista Espírita: jornal de estudos psicológicos* (janeiro, 1864). Catanduva: EDICEL, 2017. p.12-18.

39 KARDEC, Allan. Da mediunidade curadora. *Revista Espírita: jornal de estudos psicológicos* (setembro, 1865). Catanduva: EDICEL, 2018. p.293-300.

30) Qual o impacto do médium em um processo de curas espirituais?

AK: Opera-se neste fenômeno uma verdadeira reação química, análoga à produzida por certos medicamentos. Atuando o fluido como agente terapêutico, sua ação varia conforme as propriedades que recebe das qualidades do fluido pessoal do médium.

Ora, devido ao temperamento e à constituição deste último, o fluido está impregnado de elementos diversos que lhe dão propriedades especiais. Ele pode ser, para nos servirmos de comparações materiais, mais ou menos carregado de eletricidade animal, de princípios ácidos ou alcalinos, ferruginosos, sulfurosos, dissolventes, adstringentes, cáusticos etc. Daí resulta uma ação diferente, conforme a natureza da desordem orgânica.

Essa ação, portanto, pode ser enérgica, muito poderosa em certos casos e nula em outros. É assim que os médiuns curadores podem ter especialidades: este curará as dores ou endireitará um membro, mas não dará a vista a um cego, e vice-versa.

Só a experiência pode dar a conhecer a especialidade e a extensão da aptidão, mas, em princípio, pode-se dizer que não há médiuns curadores universais,

70 · RAFAEL PAPA

pela simples razão que não há homens perfeitos na Terra, e cujo poder seja ilimitado[40].

31) Poderia comentar sobre alguns componentes do fluido perispiritual?

AK: a eletricidade e o calor representam um papel no fenômeno? Isto é tanto mais provável se levarmos em consideração que o espírito não curou por milagre, mas por uma aplicação mais judiciosa das leis da Natureza, em razão de sua clarividência.

Se, como a ciência é levada a admitir, a eletricidade e o calor não são fluidos especiais, mas modificações ou propriedades de um fluido elementar universal, eles devem fazer parte dos elementos constitutivos do fluido perispiritual. Sua ação, no caso vertente, está implicitamente compreendida, absolutamente como quando se bebe vinho necessariamente se bebe água e álcool[41].

---

40 KARDEC, Allan. *Revista Espírita: jornal de estudos psicológicos* (novembro, 1866). Catanduva: EDICEL, 2018. p.401-410.

41 KARDEC, Allan. Cura de uma fratura, pela magnetização espiritual. *Revista Espírita: jornal de estudos psicológicos* (setembro, 1865). Catanduva: EDICEL, 2018. p.300-306.

MEDICINA ESPIRITUAL · 71

32) Diante das observações que realizou sobre a mediunidade de cura com o Sr. Jacob[42], todos os doentes são curados?

AK: A respeito da proporção dos doentes curados, eu quis dizer que sobre 4.000, um quarto não experimentou resultados, e que do resto, isto é, de 3.000, um quarto foi curado e três quartos aliviados[43].

33) Podemos classificar a mediunidade curadora como uma profissão?

AK: Dissemos, e nunca seria demais repetir, que há uma diferença radical entre os médiuns curadores e os que obtêm prescrições médicas da parte dos espíritos. Estes em nada diferem dos médiuns escreventes ordinários, a não ser pela especialidade das comunicações.

Os primeiros curam apenas pela ação fluídica em mais ou menos tempo, às vezes instantaneamente, sem o emprego de qualquer remédio. O poder curativo está todo inteiro no fluido depurado a que eles servem de condutores.

A teoria deste fenômeno foi suficientemente explicada para provar que entra na ordem das leis naturais e que nada há de miraculoso. Ele é o produto

---

42 O médium de cura Sr. Jacob foi citado por Allan Kardec em diversos outros textos da *Revista Espírita* e atraiu o seu olhar investigativo perante os desdobramentos dessa mediunidade.

43 KARDEC, Allan. Considerações sobre a propagação da mediunidade curadora. *Revista Espírita: jornal de estudos psicológicos* (novembro, 1866).

de uma aptidão especial, tão independente da vontade quanto todas as outras faculdades mediúnicas; não é um talento que se possa adquirir; ninguém pode transformar-se em médium curador, da mesma maneira que pode tornar-se médico.

A aptidão para curar é inerente ao médium, mas o exercício da faculdade só tem lugar com o concurso dos espíritos, de onde se segue que se os espíritos não querem, ou não querem mais servir-se dele, ele é como um instrumento sem músico, e nada obtém. Ele pode, pois, perder instantaneamente a sua faculdade, o que exclui a possibilidade de transformá-la em profissão[44].

34) O que se pode dizer para as pessoas que buscam, unicamente, a cura do corpo físico?

AK: Em geral, aqueles que buscam a faculdade curadora têm como único desejo o restabelecimento da saúde material, de obter a liberdade de ação de tal órgão, impedido nas suas funções por uma causa material qualquer. Mas, sabei-o bem, é o menor dos serviços que esta faculdade está chamada a prestar, e só a conheceis em suas primícias e de maneira inteiramente rudimentar, se lhe conferis esse único papel...

---

44 KARDEC, Allan. Considerações sobre a propagação da mediunidade curadora. *Revista Espírita: jornal de estudos psicológicos* (novembro, 1866). Catanduva: EDICEL, 2018. p.401-410.

Não, a faculdade curadora tem missão mais nobre e mais extensa!... Se ela pode dar aos corpos o vigor da saúde, também deve dar às almas toda a pureza de que são susceptíveis, e é somente neste caso que poderá ser chamada curativa, no sentido absoluto da palavra.

Muitas vezes vos disseram, e vossos instrutores nunca se cansariam de repetir, que o efeito material aparente, o sofrimento, tem quase constantemente uma causa mórbida imaterial, residindo no estado moral do espírito.

Se, pois, o médium curador ataca os males do corpo, só ataca o efeito, e a causa primeira do mal continuando, o efeito pode reproduzir-se, quer sob a forma primordial, quer sob qualquer outra aparência.

Muitas vezes aí está uma das razões pelas quais tal doença, subitamente curada pela influência de um médium, reaparece com todos os seus acidentes, desde que a influência benéfica se afaste, porque não resta nada, absolutamente nada para combater a causa mórbida.

Para evitar essas recidivas, é necessário que o remédio espiritual ataque o mal em sua base, como o fluido material o destrói em seus efeitos; numa palavra, é preciso tratar, ao mesmo tempo, o corpo e a alma[45].

---

45 KARDEC, Allan. Dissertações espíritas: conselhos sobre a mediunidade curadora. *Revista Espírita: jornal de estudos psicológicos (outubro, 1867)*. Catanduva: EDICEL, 2018. p.362-366.

A CURA ESPIRITUAL À DISTÂNCIA

35) Qual o conceito de intervenção espiritual à distância dentro de suas observações?

AK: O espírito pode agir diretamente, sem intermediário, sobre um indivíduo, como foi constatado em muitas ocasiões, seja para o aliviar e o curar, se possível, seja para produzir o sono sonambúlico. Quando age por um intermediário, é o caso da mediunidade curadora[46].

36) Certa ocasião o senhor solicitou uma cura espiritual à distância para duas pessoas, e aventou a possibilidade de sua esposa também passar por esse processo. Poderia nos trazer essa carta na íntegra?

AK: Sim... Ei-la:

Paris, 16 de abril de 1863.

Senhor e caro irmão espírita,

Recebi a carta que o senhor me escreveu, na qual vejo, com vivo prazer, nova prova de seu devotamento à causa do espiritismo. Não menos aprecio o seu desprendimento, que eu já conhecia e pelo qual os bons espíritos saberão

---

46 KARDEC, Allan. Da mediunidade curadora. *Revista Espírita: jornal de estudos psicológicos* (setembro, 1865). Catanduva: EDICEL, 2018. p.293-300.

MEDICINA ESPIRITUAL · 75

recompensar, continuando a assisti-lo. O senhor está certo ao dizer que o que vem de Deus não pode ser vendido; o Cristo não vendia suas curas. Que um médico se faça pagar pelos seus cuidados, é natural, pois ele recebeu sua ciência dos homens e teve que pagá-la a eles; mas o médium não comprou a sua faculdade; ela lhe foi oferecida por Deus para que ele fosse útil a seus irmãos e não para dela tirar seu provento. Ela não deve ser uma profissão para ele, e o médium não deve imitar os vendilhões que Jesus expulsou do Templo.

Agradeço-lhe os pormenores que o senhor me dá sobre a maneira de proceder em suas reuniões; só posso aprová-la e recomendar-lhe que persevere nessa via que já lhe valeu em recompensa muitas satisfações morais; terei sempre grande prazer em lhe ser útil com meus conselhos; cumpro um dever, dando-os aos que os solicitam; só me abstenho em relação aos que creem estar bastante seguros de suas próprias luzes para os dispensar. Vou aos humildes, não aos fariseus.

Como testemunho de minha simpatia por seu grupo, peço-lhe que receba a Revista Espírita que tenho o prazer de lhe oferecer.

Li com grande interesse os detalhes que o senhor me dá sobre as curas operadas por intermédio dos conselhos dos seus espíritos protetores, mas creio ser prudente abster-se de publicar tais resultados até nova ordem, fato que excitaria mais inveja e daria aos jornais novos assuntos para zombarias. Que a pessoa que queria fazê-lo contente-se de agradecê-lo a Deus, e de falar disso a seus amigos; dissuada-a, a fim de que nada publique. Deixe as coisas acontecerem naturalmente, e tudo irá melhor do que o senhor pode esperar; evite fazer ostentação seja do que for.

Eu gostaria muito de pedir a contribuição indulgente do seu bondoso espírito curador em favor de uma senhora de minha amizade, espírita como poucas, que, tendo suportado com coragem inaudita todas as tribulações imagináveis, está prestes a perder a vista, devendo ser operada de catarata dentro de alguns meses. Trata-se da senhora Foulon, residente no Havre, Rua de Paris, número 88. O espírito veria possibilidade de cura?

Outro. O senhor Tailleur, Rua Basfroid, número 39, subúrbio de Santo Antônio, em Paris, um dos espíritas mais merecedores e mais experientes que conheço, que teria se dado um tiro dez vezes sem o espiritismo, tem uma filha de 25 anos, um anjo de caráter, doente há muitos anos de epilepsia, em último grau, e que parece complicada com subjugação. É para pai e filha uma provação terrível. — Há esperança de cura?

Se o espírito quiser ter a bondade de responder a esses dois pedidos, tomarei a liberdade de lhe enviar outros dois, um para a senhora Allan Kardec e outro para uma de nossas amigas que acaba de amputar a perna.

Receba, caro irmão espírita, bem como a senhora Rousset e todos os membros de seu grupo, a certeza de minha afetuosa amizade,

Allan Kardec.[47]

A EXISTÊNCIA DE MÉDICOS ESPIRITUAIS

37) Conheceu algum médico terreno que após desencarnar tornou-se um médico espiritual?

AK: Sim, o Dr. Demeure. Pouco tempo após seu falecimento escreveram-me de Montauban:

"O Espírito do bom pai Demeure, vindo engrossar o número de nossos amigos invisíveis que cuidam de nossa moral e do nosso físico, quis manifestar-se desde os primeiros dias por um benefício.

"A notícia de sua morte ainda não era conhecida dos nossos irmãos de Montauban, quando ele empreendeu espontânea e diretamente a cura de um deles por meio do magnetismo espiritual, apenas pela ação fluídica. Vedes que ele não perdia tempo e continuava como espírito, assim como dizeis, sua obra de alívio da Humanidade sofredora.

---

47 Documentado no PROJETO ALLAN KARDEC, uma iniciativa da Universidade Federal de Juiz de Fora. Disponível em: https://projetokardec. ufjf.br/manuscritos/. Acesso em: 2 mar. 2021.

"Entretanto, há aqui uma importante distinção a fazer. Certos espíritos continuam vinculados às suas ocupações terrenas, sem consciência de seu estado, julgando-se ainda vivos. Isso é próprio dos espíritos pouco adiantados, ao passo que o Sr. Demeure se reconheceu imediatamente e age voluntariamente como espírito, com a consciência de ter maior força nesse estado" [48].

38) Sabe-se que os espíritas de Montauban lhe relataram a cura de uma entorse pelo espírito Dr. Demeure. Poderia descrever tal caso?

AK: A Sra. G. via um espírito curvado sobre sua perna, mas as suas feições ficavam ocultas. Ele operava fricções e massagens, fazendo de vez em quando uma tração longitudinal sobre a parte doente, absolutamente como teria feito um médico. A operação era tão dolorosa que a paciente por vezes vociferava e fazia movimentos desordenados.

Mas a crise não teve longa duração. Ao cabo de dez minutos, todos os traços de entorse haviam desaparecido. Não havia mais inflamação, e o pé tinha retomado sua aparência normal. A Sra. G. estava curada.

---

48 KARDEC, Allan. Poder curativo do magnetismo espiritual – Espírito do Dr. Demeure. *Revista Espírita: jornal de estudos psicológicos* (abril, 1865). Catanduva: EDICEL, 2018. p.131-135.

Entretanto, o espírito continuava desconhecido da médium e persistia em não mostrar suas feições. Ele dava mesmo a impressão de querer fugir, quando, de um pulo, nossa doente, que minutos antes não podia dar um passo, se lança no meio da sala para apertar a mão do seu médico espiritual.

Ainda essa vez, o espírito havia desviado a face, deixando apenas sua mão na dela. Nesse momento a Sra. G. solta um grito e cai no chão extenuada. Ela acabara de reconhecer o Sr. Demeure no espírito curador.

Durante a síncope, ela recebeu os cuidados dedicados de vários espíritos simpáticos. Enfim, readquirida a lucidez sonambúlica, ela conversou com os espíritos, trocando fortes apertos de mão, principalmente com o espírito do doutor, que respondia a seus testemunhos de afeição, penetrando-a de um fluido reparador.

Não é uma cena empolgante e dramática, na qual parecia serem vistas todas as personagens representando seu papel na vida humana? Não é uma prova entre mil que os espíritos são seres perfeitamente reais, tendo um corpo e agindo como faziam na Terra?

Estávamos felizes por encontrar o nosso amigo espiritualizado, com seu excelente coração e sua delicada solicitude. Em vida ele tinha sido médico da médium; conhecia sua extrema sensibilidade e a tinha conduzido como se fosse sua filha[49].

39) Na posição de médico espiritual, o Dr. Demeure fez algumas observações acerca do avanço da medicina espiritual. Poderia reproduzir alguma dessas?

AK: "Daqui a algum tempo poderemos fornecer-vos ocasião de testemunhardes fenômenos que ainda não conheceis, e que serão de grande utilidade para a ciência espírita.

Ficarei feliz em poder contribuir pessoalmente nessas manifestações, que teria tido muito prazer em ver quando vivo, mas, graças a Deus, hoje as assisto de maneira muito particular e que me prova evidentemente a verdade do que se passa entre vós.

Crede, meus bons amigos, que sinto sempre um verdadeiro prazer em me tornar útil aos meus semelhantes, e em ajudá-los a propagar estas belas verdades que devem mudar o mundo, trazendo-o a melhores sentimentos. [...]

Adeus, meus amigos. Até à vista."[50]

---

49 Idem.
50 Idem.

40) O que poderia informar sobre o médium que também é médico? Há algum depoimento acerca da atuação nos dois campos de cura?

AK: Um caso chama bastante atenção, o da Senhora Adèle de Clérambert, que em vida devotou-se a curar segundo os procedimentos terrenos da medicina e a isso aliava a intuição. Segue abaixo seu relato ao médium Desliens na Sociedade Parisiense de Estudos Espíritas:

"Agradeço-vos, senhor presidente, as palavras benevolentes que tivestes a bondade de pronunciar em minha intenção e aceito de boa vontade o elogio feito ao meu caráter. Acredito que ele é a expressão da verdade, e não terei o orgulho ou a falsa modéstia de recusá-lo.

Instrumento escolhido pela Providência, sem dúvida por causa de minha boa vontade e da aptidão particular que favorecia o exercício da minha faculdade, não fiz senão o meu dever, consagrando-me ao alívio dos que reclamavam o meu socorro.

Algumas vezes acolhida pelo reconhecimento, muitas vezes pelo esquecimento, meu coração não se orgulhou mais com os sufrágios de uns do que sofreu com a ingratidão de outros, porquanto eu sabia muito bem ser indigna de uns e colocar-me acima de outros.

Mas chega de ocupar-me da minha pessoa. Vamos à faculdade que me valeu a honra de ser chamada para a reunião desta Sociedade simpática, onde se gosta de repousar a vista, sobretudo quando se foi, como eu, vítima da calúnia e dos ataques malévolos daqueles cujas crenças foram feridas, ou cujos interesses foram prejudicados. Que Deus lhes perdoe, como eu mesma fiz!

Desde a minha mais tenra infância, e por uma espécie de atração natural, ocupei-me do estudo das plantas e de sua ação salutar sobre o corpo humano.

De onde me vinha esse gosto ordinariamente pouco natural em meu sexo? Então eu o ignorava, mas hoje sei que não era a primeira vez que a saúde humana era objeto de minhas mais vivas preocupações: eu tinha sido médico.

Quanto à faculdade particular que me permitia ver à distância o diagnóstico das afecções de certos doentes (porque eu não via em todos), e prescrever os medicamentos que deviam restituir a saúde, era muito semelhante à dos vossos atuais médiuns médicos.

Como eles, eu estava em relação com um ser oculto que se dizia espírito, e cuja influência salutar ajudou-me poderosamente a aliviar os infortunados que me procuravam.

Ele me havia prescrito o mais completo desinteresse, sob pena de perder instantaneamente uma faculdade que constituía a minha felicidade. Não sei por que razão, talvez porque teria sido prematuro desvelar a origem de minhas prescrições, ele igualmente me havia recomendado, da maneira mais formal, que não dissesse de quem recebia as recomendações que dirigia aos meus doentes.

Enfim, ele considerava o desinteresse moral, a humildade e a abnegação como uma das condições essenciais à perpetuação de minha faculdade. Segui seus conselhos e me saí bem.

Tendes razão, senhor, de dizer que os médicos serão chamados um dia a representar um papel da mesma natureza que o meu, quando o espiritismo tiver conquistado a influência considerável que, no futuro, fá-lo-á o instrumento universal do progresso e da felicidade dos povos!

Sim, certos médicos terão faculdades desta natureza e poderão prestar serviços muito maiores porque os seus conhecimentos adquiridos lhes permitirão mais facilmente assimilar espiritualmente as instruções que lhes forem dadas.

Um fato que deveis ter notado é que **as instruções que tratam de assuntos especiais são tanto mais facilmente e tanto mais largamente desenvolvidas quanto mais os conhecimentos pessoais do médium se aproximam da natureza daquelas que ele é chamado a transmitir**. (grifo nosso).

Assim, certamente eu poderia prescrever tratamentos aos doentes que a mim se dirigiam para obter a cura, mas não o faria com a mesma facilidade com todos os instrumentos, ao passo que se uns facilmente transmitiriam minhas indicações, outros só o fariam incorretamente ou incompletamente.

Entretanto, se meu concurso vos pode ser útil, seja em que circunstância for, terei prazer em vos ajudar em vossos trabalhos, na medida de meus conhecimentos, ah! Muito limitados fora de certas atribuições especiais".

Adèle de Clérambert[51]

OS MILAGRES PERANTE A CURA ESPIRITUAL

41) Podemos considerar um milagre os efeitos positivos da mediunidade curadora em corpos orgânicos adoecidos?

AK: Essas curas nada têm de maravilhoso ou de miraculoso. Sobre este ponto estamos perfeitamente de acordo, porquanto o espiritismo diz claramente que não faz milagres; que todos os fatos, sem exceção, que se produzem por influência mediúnica, são

---

51   KARDEC, Allan. Senhora Condessa Adèle de Clérambert – Médium médica. *Revista Espírita: jornal de estudos psicológicos (outubro, 1867)*. Catanduva: EDICEL, 2018. p.343-347.

devidos a uma força natural e se realizam em virtude de uma lei tão natural quanto a que permite transmitir um telegrama ao outro lado do Atlântico em alguns minutos. Antes da descoberta da lei da eletricidade, semelhante fato teria passado pelo milagre dos milagres.

Suponhamos por um instante que Franklin, ainda mais iniciado do que ele era sobre as propriedades do fluido elétrico, tivesse estendido um fio metálico através do Atlântico e estabelecido uma correspondência instantânea entre a Europa e a América, sem indicar o processo, que teriam pensado dele?

Incontestavelmente teriam gritado que era um milagre; ter-lhe-iam atribuído um poder sobrenatural; aos olhos de muita gente ele teria passado por feiticeiro e por ter o diabo às suas ordens.

O conhecimento da lei da eletricidade reduziu esse pretenso prodígio às proporções dos efeitos naturais. O mesmo se dá com uma porção de outros fenômenos.

Mas conhecemos todas as leis da Natureza e a propriedade de todos os fluidos? Não é possível que um fluido desconhecido, como por tanto tempo foi a eletricidade, seja a causa de efeitos não explicados, produza sobre a economia resultados impossíveis para a ciência, com a ajuda dos meios limitados de que ela dispõe?

Pois bem, aí está todo o segredo das curas mediúnicas, ou melhor, não há segredo nenhum, porque o espiritismo só tem mistérios para os que não se dão o trabalho de estudá-lo.

Essas curas têm muito simplesmente por princípio uma ação fluídica dirigida pelo pensamento e pela vontade, em vez de ser por um fio metálico. Tudo se resume em conhecer as propriedades desse fluido, as condições em que pode agir, e saber dirigi-lo. Além disto, é preciso um instrumento humano suficientemente provido desse fluido, e apto a lhe dar a energia suficiente[52].

A CURA POR HOMEOPATIA

42) Há algum caso em que a cura se deu por meio da homeopatia?

AK: Sim, como atesta essa mensagem:

"Meus bons amigos, estou ao vosso lado e vos amo sempre como no passado. Que felicidade poder comunicar-me com os que me são caros! Como fiquei feliz, ontem à noite, por me tornar útil e aliviar nossa cara médium vidente! É uma experiência que me servirá e que porei em prática no futuro, sempre

---

52   KARDEC, Allan. O Zuavo curador do Campo de Châlons. *Revista Espírita: jornal de estudos psicológicos* (outubro, 1866). Catanduva: EDICEL, 2018. p.360-370.

que se apresentar uma ocasião favorável. Hoje seu filho está muito doente, mas espero que logo o curemos. Tudo isto lhe dará coragem para perseverar no estudo do desenvolvimento de sua faculdade". (O filho da Sra. G. realmente foi curado de uma angina inflamatória, com medicação homeopática ordenada pelo espírito) [53].

A MEDICINA ESPIRITUAL PERANTE A TERRENA

43) Qual a relação da medicina da Terra com a mediunidade curadora?

AK: A mediunidade curadora não vem suplantar a medicina e os médicos; vem simplesmente provar a estes últimos que há coisas que eles não sabem e convidá-los a estudá-las; que a Natureza tem leis e recursos que eles ignoram; que o elemento espiritual, que eles desconhecem, não é uma quimera, e quando eles o levarem em conta, abrirão novos horizontes à ciência e terão mais êxito do que agora[54].

---

53 KARDEC, Allan. Poder curativo do magnetismo espiritual – Espírito do Dr. Demeure. *Revista Espírita: jornal de estudos psicológicos* (abril, 1865). Catanduva: EDICEL, 2018. p.131-135.

54 KARDEC, Allan. Considerações sobre a propagação da mediunidade curadora. *Revista Espírita: jornal de estudos psicológicos* (novembro, 1866). Catanduva: EDICEL, 2018. p.401-410.

44) As curas espirituais podem trazer algum tipo de malefício à medicina?

AK: Se essa faculdade fosse privilégio de um indivíduo, passaria despercebida; considerá-la-iam como uma exceção, um efeito do acaso, esta suprema explicação que nada explica, e a má vontade facilmente poderia abafar a verdade.

Mas, quando virem os fatos se multiplicarem, serão forçados a reconhecer que eles não se podem produzir senão em virtude de uma lei; que se homens ignorantes triunfam onde os cientistas falham, é que os cientistas não sabem tudo.

Isto em nada prejudica a ciência, que será sempre a alavanca e a resultante do progresso intelectual. Só o amor-próprio daqueles que a circunscrevem aos limites de seu saber e da materialidade apenas pode sofrer com isso[55].

45) O que poderia ser dito a alguém que considera o potencial curador uma tolice?

AK: A que penalidade poderiam condenar aquele que cura só por sua influência, secundada pela prece, e que, além disso, nada pede como pagamento por seus serviços? Ora, a prece não é uma substância farmacêutica. É, em vossa opinião, uma tolice; seja,

---

55 Idem.

Medicina espiritual · 89

mas se a cura está no fim dessa tolice, que direis vós? Uma tolice que cura vale bem mais do que remédios que não curam[56].

46) Em sua época havia estudos da medicina tradicional sobre a doutrina espírita?

AK: Sim, como se depreende do que exponho a seguir:

NOTÍCIAS BIBLIOGRÁFICAS: NOVA TEORIA MÉDICO-ESPÍRITA

(Pelo doutor Brizio, de Turim)

Não conhecemos esta obra senão pelo prospecto em italiano, que nos foi enviado, mas só nos podemos alegrar por ver o interesse das nações estrangeiras em seguir o movimento espírita e felicitar os homens de talento que entram na via das aplicações do espiritismo à ciência. A obra do doutor Brizio será publicada em 20 ou 30 fascículos a 20 centavos cada, e a impressão será iniciada quando houver 300 assinantes. Assinaturas em Turim, na livraria Degiorgis, via Nova.[57]

***

---

56 Idem.
57 KARDEC, Allan. Notícias Bibliográficas: Nova teoria médico-espírita. *Revista Espírita: jornal de estudos psicológicos* (fevereiro, 1867). Catanduva: EDICEL, 2018. p.78.

Obrigado, senhor Kardec por seus valiosos esclarecimentos.

E aqui, caro leitor, concluímos esse valioso "bate-papo" com o codificador. Ouçamos agora a opinião dos médicos espirituais que conosco assinam esta obra.

PARTE 2

ENTREVISTA COM MÉDICOS ESPIRITUAIS

INTRODUÇÃO

Após dois anos de estudos e observações participei como coautor do livro *Curas espirituais à luz da doutrina espírita*, que abordava casos atendidos por equipe de médicos espirituais sob a direção do espírito Dr. Ludwig no centro espírita Companheiros da Luz, na cidade de Birigui (SP).

Naquele tempo, meu trabalho maior era compilar, organizar o material coletado e transformá-lo em um livro inovador, contemplando casos de processos de cura com exames e laudos antes e após cirurgias espirituais.

Após esse período tornei-me um trabalhador da Fraternidade Espírita João Batista, no Bairro de Campo Grande, no Rio de Janeiro. Iniciei o trabalho como médium de cura em desenvolvimento e de psicografia.

É um trabalho muito promissor, porém ainda incipiente. Mas, algo me chamou a atenção. O contexto é muito maior; além das atividades normais de uma casa espírita que oferece palestras públicas, estudos, atendimento fraterno, passes e desobsessão, há cirurgias espirituais realizadas por uma equipe mais ampla de médicos do Plano Espiritual atuando com uma vasta e compenetrada equipe de médiuns.

Isso instigou ainda mais a minha sede por instruções sobre as curas que ocorriam na minha frente. Queria e ainda quero mais e mais esclarecimentos.

Fui recebido pelo espírito Dr. Bartholomeu e Dr. Hermann que me receberam de braços abertos para a continuidade dos estudos conforme solicitação do Dr. Ludwig.

Após algumas participações e observações descobri que também sou médium de cura e um espírito amigo, Hammed, se aproximou. Esse espírito me convidou para atuar com ele na mediunidade curadora, na psicografia em que escreveremos livros e organizar a presente obra. Essa aproximação ocorreu por meio do médium Leonardo Couto. Em um jantar, na cidade de Juiz de Fora, de forma inusitada, um espírito chamado Hammed se apresentou para uma amiga clarividente e enfatizou o mesmo desejo. Ainda muito cético, após uma felicitação de feliz Páscoa, uma amiga médium que hoje reside em Portugal, Lucia Garcia, perguntou-me se algum espírito chamado Hammed estava me inspirando e eu apenas disse que sim. Naquele momento recebi uma carta psicografada pela médium e assinada pelo espírito. E para finalizar, amigos de Goiânia, por meio de uma reunião mediúnica, receberam por psicofonia a presença do amigo espiritual Hammed.

Depois de tantas tentativas, não pude mais contestar a presença do espírito e passei a dedicar horas de minha semana para receber suas impressões do alto nas folhas de papel em branco. Eu jamais parei o trabalho por não acreditar que fosse o espírito Hammed, mas eu pedi de todo o coração que algumas confirmações me fossem feitas, o que desagradou o espírito. Mas, em pensamento, pedi desculpas e continuamos o trabalho que tem o seu primeiro fruto, embora esse livro não seja um trabalho propriamente mediúnico da parte do espírito Hammed e sim, de diversos médicos espirituais.

Posso afirmar que os espíritos aqui citados são grandes incentivadores para que a medicina espiritual seja conhecida, especialmente no âmbito da ciência terrena, de forma que desperte o interesse dos médicos encarnados pela comprovação destes sobre a seriedade e o caráter científico-espiritual dos processos de alívio de problemas orgânicos nas pessoas que nos procuram.

Assim como fizemos na primeira parte, e também pelas instruções do espírito Hammed, elaborei perguntas durante os atendimentos. A cada passo dado pelos médicos espirituais eu buscava me inteirar dos diagnósticos e das técnicas utilizadas. Além disso, coloquei questões filosóficas em torno dessa temática.

Durante as entrevistas pude verificar de que maneira ocorrem as cirurgias espirituais em centros espíritas diferentes, para constatar se a abordagem e a atuação espiritual são coerentes.

E de fato, pude ver diversos espíritos médicos, cada qual com a sua singularidade, nos afirmando que executam procedimentos cirúrgicos perispirituais e esses são transmitidos para o corpo físico.

Muitos pacientes relatavam a sensação de serem cortados durante a cirurgia espiritual, mas não havia cortes, nenhum sangue derramado, e nenhum tipo de infecção. E o mais importante, muitos assistidos retornavam agradecidos afirmando terem sido curados.

Questões cardiovasculares eram resolvidas. Problemas nos rins cessados. Dores nos joelhos resolvidas.

Em alguns casos, pelo meu ceticismo, eu pedia os exames para acreditar que um carcinoma havia desaparecido, ou um vírus da AIDS não foi mais detectado. Diante do que meus olhos, mesmo imperfeitos viam, não poderia recuar e não publicar essas entrevistas.

Os médicos espirituais insistem em nos dizer que em pouco tempo toda a aparelhagem espiritual e as técnicas que eles utilizam serão materializadas na Terra.

Os exames confirmam a extirpação de tumores. Contudo, é preciso que estejamos de coração e olhos abertos para receber os conhecimentos que nos oferecem esses espíritos abnegados, outrora envolvidos na medicina terrena e hoje atuantes na Seara do Cristo.

Atentemo-nos, pois às respostas que nos trouxeram. Apenas a título de identificação relembramos, em ordem alfabética, os nomes dos médicos espirituais e dos respectivos médiuns que nos auxiliaram nas entrevistas:

Archimedes (Marcelo)

Bartholomeu (Leonardo Couto)

Charles Pierre (Maria Inez)

Hammed (Rafael Papa)

Hermann (Roberto Augusto)

Ludwig (Sérgio Cherci Jr.)

***

1) Qual a importância da medicina espiritual nos tempos atuais?

DR. HAMMED: Fazer com que os médicos da Terra entendam a importância da ligação entre eles e a Espiritualidade Superior que os cerca. Os médicos do futuro já serão preparados para atuar com a mediunidade curadora.

A medicina espiritual visa trazer um complemento aos trabalhos realizados pelos médicos terrícolas, jamais substituí-los. Por enquanto, a missão primordial da Espiritualidade é agir no sentido de agregar percepções e técnicas espirituais que ainda não foram alcançadas pela medicina terrena em função do estágio evolutivo que o planeta ainda se encontra.

2) Qual o propósito principal de um médium de cura?

DR. HAMMED: O exercício da mediunidade de cura é para o ser que procura, em regra, acertar as contas com o pretérito e por esse meio oferecer consolo e alívio orgânicos e espirituais para quem os busca nos centros espíritas.

Os médicos espirituais auxiliam o médium em seus processos de erros do passado, trazendo o lenitivo da misericórdia divina para os processos que necessitariam resgatar em sua trajetória espiritual. Uma frase que pode resumir muito bem o seu propósito é dita por Pedro, inspirado naturalmente pelo Mestre Jesus: "O amor cobre uma multidão de pecados" (1Pedro 4:8-11).

3) Como ocorrem as doenças no corpo físico?

DR. LUDWIG: O corpo físico é a extensão viva do psiquismo. Somos espíritos eternos, e, quando estamos mergulhados no corpo físico, através das várias experiências reencarnatórias solidárias entre si, trazemos em nossas estruturas perispirituais as marcas energéticas do passado. Hoje, por intermédio de nossas escolhas, podemos agravar ou melhorar estas estruturas, gerando saúde ou doença.

O pensamento é força criadora. As doenças são originadas pelo nosso pensar, agir e sentir e, da forma como nos comportamos perante as situações, seja em uma existência atual, seja em uma anterior, carregamos aquelas marcas energéticas.

Precisamos nos atentar que nem todas as doenças possuem origem em encarnações anteriores. Muitas das desordens perispirituais são derivadas dos comportamentos desta encarnação, na qual o ser vai congestionando os centros de força e criando impulsos deletérios que irão se apresentar organicamente como doenças.

Os filhos que passam por uma vida inteira guardando sentimentos de raiva, ódio ou rancor fazem do corpo físico um aspirador destas impurezas, aguçando os desequilíbrios espirituais em forma de mazelas no corpo material fazendo adoecer o corpo físico.

4) Poderiam esclarecer sobre o processo espiritual de surgimento do câncer?

DR. HERMANN: A maior parte dos casos de câncer ocorre em razão do acúmulo de sentimentos como ódio, ressentimento, mágoa e ausência de perdão que são extremamente corrosivos para o perispírito e alcançam o corpo físico. Nutrir-se desses sentimentos é abrir portas para o surgimento dessa doença.

Precisamos aprender com as crianças. Quando ocorre um mal-entendido entre elas, em pouco tempo já retomam o relacionamento e buscam soluções para que as coisas sejam colocadas em seu devido lugar. Os adultos não fazem isso e não permitem que os ensinamentos de Jesus adentrem seus corações.

Ao conhecer, efetivamente, o Evangelho descortinaremos o amor, generosidade, carinho e afeto com o próximo. O ser humano é o próprio responsável pela saúde e doença que adquire ao longo dos tempos. **Ao não administrar com coerência seus sentimentos, o ser pode construir mazelas que seriam desnecessárias aos seus processos de evolução** (grifo nosso).

O que é necessário compreender é que só o amor vai auxiliar os seres humanos encarnados. A humanidade

Medicina espiritual · 101

ainda vive em guerra, quando já poderíamos viver em paz e com diálogos saudáveis entre os países.

Devemos assumir a postura de conversar de forma civilizada entre os povos. O homem é capaz de cometer grandes atrocidades e esse não foi o ensinamento de Jesus. O Mestre exortava: "Amai-vos uns aos outros como eu vos amei" (João 13:34).

O corpo físico é templo do espírito e Jesus só entra com a devida permissão de quem o ocupa. Não me reporto ao Jesus religioso, mas ao espiritual que senta conosco, envolve-nos com o seu amor, conselhos, exemplos e afeto.

De que adianta avolumar-nos de tantos recursos financeiros se não somos capazes de levantar as pessoas caídas ao nosso redor. Se não somos capazes de utilizar os nossos bens em prol de causas que beneficiem os mais necessitados.

É importante ter recursos. A reflexão é o que fazemos com os recursos que sobram. O que fazemos de especial com o que nos foi emprestado por Deus de forma provisória.

5) Qual a importância das cirurgias espirituais?
DR. LUDWIG: A cirurgia espiritual é uma semente que plantamos para o despertar da consciência espiritual. Embora os resultados até se apresentem no corpo físico não estamos aqui para curar corpos:

nosso intuito é o de despertar as consciências, de ajudar no entendimento do espírito imortal e esclarecer quanto à profunda interferência de nossos pensamentos e sentimentos na estrutura física; e que, ao modificar as matrizes que desencadearam o aparecimento da doença, através da reforma íntima, se abre a possibilidade de vislumbrar o resgate da saúde do corpo e do movimento da evolução moral e espiritual que se inicia.

6) O que é cirurgia espiritual?

DR. HAMMED: As doenças são localizadas no perispírito. Atuamos diretamente no perispírito por meio de impulsos eletromagnéticos, aparelhos espirituais e ectoplasma. Trabalhamos, efetivamente, na revitalização da região perispiritual adoecida para que o corpo físico receba as novas impressões que são administradas na cirurgia espiritual.

Projetamos o perispírito com uma tecnologia ainda desconhecida entre vocês (muito superior às tecnologias hoje utilizadas na Terra). Através dessa projeção do perispírito são apresentadas as causas das doenças e podemos traçar um diagnóstico a fim de realizarmos os ajustes necessários para o alívio do corpo físico.

7) É necessário algum preparo para a cirurgia espiritual antes e depois do dia do tratamento?

DR. LUDWIG: Embora muitos busquem o tratamento presencial sem prévios conhecimentos de recursos de preparo que possam potencializar a intervenção dos espíritos, há que se ressaltar que o auxílio se inicia no momento em que se decide recebê-lo.

Quanto mais o auxiliado conhece e acata os procedimentos de preparo que lhe são orientados, mais a intervenção dos espíritos é potencializada. Percebe-se que aqueles que ali chegam nessas condições se aproximam com pensamentos mais limpos, a fé aumentada e coração aberto, o que amplia a possibilidade do êxito na sua cura.

Por outro lado, àqueles que solicitam a cirurgia espiritual à distância, são encaminhadas recomendações que visam preparar o paciente para ação dos espíritos:

Pedimos que, no dia e hora marcados, o paciente leia uma página do Evangelho – ou algum livro que lhe traga muita paz – e que fique deitado (em prece, meditando ou ouvindo uma música tranquila) ou, se possível, que procure dormir.

O paciente não deve preocupar-se em sentir a presença dos amigos espirituais. Alguns dormem durante o horário marcado, repito, o que é normal.

É natural, portanto, que algumas sensações diferentes como sonolência, tontura, cansaço, se apresentem.

Caso isso aconteça, recomendamos que o assistido se recolha em prece, mantendo-se calmo e confiante na Espiritualidade. Não há o que temer, pois sempre estaremos amparados pelos amigos espirituais.

Nos dias que antecedem a cirurgia espiritual – tanto presencial como à distância – é importante que se permaneça vigilante em pensamentos que busquem a confiança, utilizando-se da prece ou da oração.

Especificamente, no dia anterior às cirurgias espirituais, aconselha-se dentro das possibilidades de cada um, não tomar bebidas alcoólicas, não fumar, não manter relação sexual, não levantar peso, evitar toda e qualquer alimentação de carne animal vermelha (inclusive à base de sangue como "molho pardo"), fazer uso de alimentação saudável (à base de frutas, verduras, legumes, cereais e carnes brancas como peixe e frango).

8) Por que alguns são curados e outros não?

DR. HAMMED: Todos nós temos uma trajetória espiritual muito singular. Poderíamos curar todas as pessoas que nos buscam, pois já dominamos as técnicas para executar esse ofício. Contudo, cada ser possui um planejamento reencarnatório e ao consultar grupos espirituais que administram as lutas dos seres humanos somos autorizados ou não a trazer a cura, ou até, às vezes, um grande alívio orgânico para que as pessoas consigam atravessar as suas mazelas com dignidade sob a misericórdia divina.

Cada caso é um caso. Uma vez que o paciente aprendeu as lições necessárias para que aquela doença exista, em alguns casos, podemos desmaterializá-la.

Nesse sentido, trabalhamos para resgatar a fé dos assistidos que nos procuram, estimulando que as pessoas tenham pensamentos mais elevados e que possam curar a si mesmas. Oferecer a cura real por meio da transformação pessoal, pedra angular de qualquer tratamento espiritual.

9) O que são os aparelhos espirituais utilizados por vocês nas cirurgias espirituais?

DR. ARCHIMEDES: São instrumentos ectoplasmáticos utilizados nas cirurgias espirituais. Sua composição é idêntica a do perispírito: uma estrutura eletromagnética. Por meio desses aparelhos conseguimos atuar no perispírito e elaborar as cirurgias espirituais com mais efetividade.

10) Como é feito o transporte desses aparelhos para que as cirurgias espirituais ocorram?

DR. ARCHIMEDES: São trazidos dos planos superiores para auxiliar nas cirurgias espirituais por equipes técnicas treinadas para tal certame.

Alguns locais, por propiciarem uma atmosfera espiritual salutar já abrigam definitivamente muitos aparelhos espirituais. À medida que o trabalho é realizado com seriedade e a fraternidade é a base dos processos relacionais, os espíritos se sentem confiantes em armazenar os aparelhos na Terra.

Precisamos nos recordar que a atmosfera espiritual de qualquer ambiente religioso é constituída pelo somatório de pensamentos dos seres encarnados. Se são edificantes mais abertura nós encontramos para realizar as cirurgias espirituais com o primor que os assistidos merecem. Por isso, os médiuns e trabalhadores de centros espíritas devem vigiar seus pensamentos o tempo todo e oferecer a melhor atmosfera possível para que a espiritualidade atue.

11) Como ocorre o processo orgânico de exteriorização do ectoplasma por meio do médium?

DR. HAMMED: Não se conhecem ainda os detalhes sobre o processo de exteriorização do ectoplasma pelo corpo do médium, porém há diversas fotografias mostrando sua emanação principalmente pela boca, nariz e ouvidos e extremidades como os dedos das mãos.

Acredito que todos os orifícios naturais do corpo possam servir como portas por onde a energia possa ser expelida.

Por vezes essa ocorrência é acompanhada simultaneamente pela desmaterialização da massa física do sensitivo que pode desaparecer do gabinete onde se encontra em transe, inclusive.

12) Onde os espíritos conseguem encontrar o ectoplasma?

DR. BARTHOLOMEU: Em três fontes diferentes. Podemos encontrar o ectoplasma em médiuns de efeitos físicos que possuem essa substância de forma ostensiva. Também é possível manipular o ectoplasma na biodiversidade e no fluido cósmico universal.

13) Qual o objetivo do passe espiritual?

DR. HERMANN: Objetiva a rearmonização das energias do corpo físico-espiritual humano. Pode-se compará-lo ao carregador de aparelhos eletrônicos, que necessitam de novas cargas para o seu funcionamento adequado como, por exemplo, o celular. De igual forma o corpo físico também precisa ser recarregado por transfusão de energia.

Percebemos os campos dos chacras que possuem pouca energia e atuamos nessa região para que ocorra o equilíbrio e seu respectivo alinhamento.

14) Qual a diferença entre um passe espiritual e uma cirurgia espiritual?

DR. HAMMED: Conforme alertado por Dr. Hermann, o passe espiritual tem por intuito equilibrar os chacras. É uma transfusão de energia que ocorre no sentido de harmonizar os fluidos perispirituais, e ao equilibrá-los trazer benefícios orgânicos ao corpo físico e psíquico aos estados mentais.

Ocorre que há regiões perispirituais que estão gravemente lesadas, de tal forma que é necessário ir além da harmonização que o passe oferece. É preciso proporcionar uma nova estrutura perispiritual, curando doenças mais complexas.

Para compreender a diferença podemos tomar o coração: na medicina terrena as patologias leves desse órgão são tratadas com medicamentos, mudança de hábitos alimentares, combate ao sedentarismo; as graves requerem intervenções cirúrgicas de reparação, e até transplantes, que exigem cuidados mais profundos.

Note-se que também nesses casos terrenos há uma preparação: o paciente recebe certas substâncias que fortalecem o corpo para suportar bem os procedimentos que virão, prevenir consequências negativas e, nos transplantes, a rejeição do órgão.

O passe seria o medicamento, a cirurgia espiritual a intervenção, o transplante.

É sempre positivo e facilita o trabalho dos médicos espirituais quando o assistido recebe um passe antes da cirurgia espiritual. Dessa forma, o assistido encontra-se mais propenso e equilibrado para receber a infusão eletromagnética e ectoplasmática que a compõe.

15) Por que algumas pessoas que passam por cirurgias espirituais possuem cicatrizes no corpo físico se a cirurgia espiritual é no perispírito?

DR. BARTHOLOMEU: Como já foi dito, em toda cirurgia espiritual, o perispírito é projetado fora do corpo físico para que o trabalho seja desenvolvido nessa estrutura eletromagnética. Contudo, em alguns casos, com o objetivo de fortalecer a fé do assistido ou de mostrar à medicina da Terra que existe algo além do que estudam em suas apostilas, projetamos o perispírito bem próximo ao corpo físico.

Ao realizar a reconstrução perispirítica o corpo físico também é alcançado pela proximidade. Mas, repito, isso apenas é realizado para despertar as mentes humanas para o mundo espiritual e suas possibilidades. Nada é elaborado sem um propósito específico na medicina espiritual.

16) Percebemos que muitas pessoas com dificuldades ou impossibilidade de caminhar, conseguem fazê-lo após cirurgias espirituais. O que vocês fazem, por exemplo, no joelho das pessoas para que elas possam voltar ao seu estado normal?

DR. HERMANN: Aplicamos próteses ectoplasmáticas para que o local com a dificuldade orgânica possa ser reconstituído, e assim, os filhos retomam o seu processo de ir e vir, normalmente. Isso também ocorre em diversos casos de artrites e artroses graves de assistidos que chegam aqui.

17) Quais as causas dos problemas renais e a relação com dores de coluna?

DR. HAMMED: Muitos problemas de coluna são biológicos e não espirituais. A massa adiposa dos seres humanos pode tomar grande vulto e ocasionar problemas nos rins. E os rins, por conseguinte, podem pressionar a coluna.

Precisamos tratar as causas e nessa situação, a mudança do estilo de vida da pessoa é necessária, principalmente no que tange à alimentação e atividades físicas. É necessário extrair a sobrecarga adiposa para aliviar os rins e também a coluna.

Contudo, existem muitos problemas renais que são do excesso de sentimento do medo das pessoas, o que pode gerar sobrecarga renal e trazer mazelas orgânicas.

Nós podemos atuar no perispírito e revitalizar o órgão físico, mas é necessário que a criatura altere sua forma de pensar e busque novas perspectivas sobre os sentimentos. Caso contrário, vamos atuar apenas nos efeitos, deixando a causa real em aberto.

18) Como a cirurgia espiritual atua em casos de câncer?

DR. HAMMED: Em muitos casos atuamos com um aparelho espiritual no formato de um tubo ectoplasmático e elaboramos o que chamamos de sucção energética com o objetivo de reconstruir no perispírito um novo molde para o corpo físico. Dessa forma, conseguimos desmaterializar tumores.

Em alguns casos em que os Planos Superiores não permitem a cura completa do câncer atuamos no sentido de aliviar os dramas orgânicos que o paciente terá que encontrar em seus desafios.

Logo, em processos de quimioterapia muitos não sentem náuseas, vômitos e outros sintomas que poderiam deixar o assistido mais frágil diante de suas dificuldades. Todos que passam pela cirurgia espiritual que tiverem a fé que remove montanhas conseguem o alívio para as suas mazelas no corpo físico.

19) Como o passe espiritual pode auxiliar pessoas com distúrbios emocionais?

DR. LUDWIG: Trabalhamos nos centros de força, que são estruturas encontradas no corpo espiritual, intimamente ligadas ao corpo físico através dos plexos, por sua vez ligados às células e aos órgãos. Quando ocorrem distúrbios emocionais, estes centros de força se desalinham, gerando no corpo físico moléstias ou alterações nas funções fisiológicas e orgânicas, a exemplo da depressão e enfermidades dessa natureza.

Nesse contexto, atuamos na estrutura perispiritual, empregando descargas e impulsos eletromagnéticos para que, ao desobstruirmos estes campos de força desalinhados, possamos restabelecer o bem-estar físico. Abre-se, neste momento, uma janela de alívio para que se retome a vontade de melhora.

Lembramos que o acompanhamento da medicina terrena é fundamental como suporte de reversão do quadro. A medicina espiritual trabalha em conjunto com aquela, auxiliando nos casos em que ainda não existe tratamento na Terra (grifo nosso).

DR. ARCHIMEDES: É importante alertar aos trabalhadores que exercem a função de passistas que os passes para pessoas que possuem problemas depressivos ou algum outro distúrbio emocional necessitam ser dispersivos, pois os centros de força estão congestionados de fluidos maléficos.

Caso contrário, a situação do indivíduo pode piorar e esse não é o nosso papel. Estamos aqui para trazer alívio e conforto e não mais dificuldades para as pessoas.

Nesse sentido, solicitamos que as pessoas estudem de forma mais minuciosa o seu papel dentro do centro espírita a fim de que os trabalhos tragam benefícios memoráveis para os que buscam consolo.

20) Como a cirurgia espiritual pode contribuir para casos de depressão e ansiedade?

DR. HAMMED: Existe um aparelho espiritual que possui o formato de uma caneta ectoplasmática que é utilizada para potencializar a produção de neurotransmissores tanto no cérebro quanto no aparelho digestivo.

Ao elaborarmos esse processo cirúrgico, o que sofre de depressão e ansiedade consegue obter mais lucidez para recompor seus processos de reflexão e, em muitos casos, obter a cura.

Não podemos esquecer que as pessoas que sofrem desse tipo de distúrbio emocional precisam trabalhar as causas que provocaram os efeitos angustiantes dos transtornos apresentados. Cessadas as causas, os efeitos sumirão. Auxiliamos da mesma forma que os medicamentos da Terra que também podem provocar a estimulação de neurotransmissores e ofertarem lucidez e alívio para esses casos específicos.

O ser humano deve ser visto de forma integral e não polarizado. Nem corpo nem espírito, mas processos que interagem em tempo real e que precisam da ação em todos os campos para que os resultados sejam mais proveitosos.

21) Qual a relação existente entre processos obsessivos e transtornos emocionais como a ansiedade e depressão?

DR. BARTHOLOMEU: Conforme já dissemos, não podemos concluir que todos os distúrbios de ansiedade e depressão são originados por problemas obsessivos. Muitos casos também são provenientes do estilo de vida que as pessoas costumam levar no cotidiano.

Poderíamos citar muitas origens desses transtornos na vida das pessoas. Desde a alimentação, passando por exercícios físicos, carga horária de trabalho, tempo destinado às atividades domésticas, condução do sono saudável, frustrações emocionais, síndrome do excesso de futuro, dentre outros fatores.

22) Existe alguma relação de sentimentos maléficos com as mazelas dos órgãos físicos?

DR. HAMMED: A relação existente é muito ampla. Em poucas linhas não conseguimos abordar um conteúdo tão vasto e complexo. Contudo, frisemos o

Medicina espiritual · 115

exemplo do medo. Quando esse sentimento se torna desproporcional, gerando processos crônicos de ansiedade nos indivíduos, os rins são diretamente afetados.

Muitas pessoas que não conseguem administrar o excesso de medo em suas vidas são assoladas por problemas renais. O espírito produz esse sentimento que perpassa pelo perispírito e alcança o rim, ou seja, o órgão físico.

Muitos outros sentimentos quando não bem dosados também produzem demasiados malefícios para os órgãos físicos e pretendemos detalhar isso em outra obra.

23) Como a cirurgia espiritual contribui para casos de catarata?

DR. HAMMED: Elaboramos uma raspagem perispiritual na córnea do assistido e o perispírito transmite ao corpo físico essa reconstrução biológica.

24) Como funcionam os trabalhos de cirurgias espirituais à distância?

DR. BARTHOLOMEU: Existe uma organização muito grande no Plano Espiritual. Pelo pensamento, recebemos as preces dos filhos que estão em grande dificuldade. Tanto das pessoas que estão em casa elevando súplicas ao Alto quanto das que comparecem aos templos religiosos.

Por esse motivo, conseguimos nos organizar e preparar equipes espirituais socorristas para o atendimento.

Em minha equipe, nesse momento, estamos atendendo uma pessoa com um grupo de dez médicos dedicados a atender a necessidade dela.

Não existe acaso. Existe esforço, trabalho e vontade para que as coisas aconteçam.

DR. LUDWIG: O processo se dá de maneira semelhante à forma presencial, pois entendemos que tudo acontece por meio do pensamento, da ligação espiritual e da fé. O paciente, onde quer que esteja, portanto, pode mentalizar a equipe espiritual e, em muitos casos, até senti-los atuando em seu corpo perispiritual e físico.

Quando a consciência se alargar, até mesmo os trabalhos de cirurgias espirituais presenciais poderão se beneficiar destes novos padrões mais elevados de conscientização.

25) Quanto tempo de estudo um médico espiritual leva para exercer o trabalho por meio de um médium de cura?

DR. BARTHOLOMEU: Eu estudo medicina espiritual desde que desencarnei, em 1936. Apenas tive a oportunidade de exercer o papel de médico espiritual agora, de acordo com a programação espiritual planejada com o médium que trabalho.

É uma tarefa longa e utilizamos para isso tecnologias ainda desconhecidas na Terra. Reunimo-nos em assembleias de forma frequente para debater temáticas específicas. A atuação entre os médiuns varia de situação para situação.

26) Como a cirurgia espiritual pode ajudar mulheres com tumores no seio?
DR. CHARLES PIERRE: Projetamos o perispírito em uma tela e observamos as manchas de obstrução. Utilizamos um aparelho espiritual, ainda desconhecido na Terra, com o intuito de drenar o tumor e desmaterializá-lo. Após esse procedimento realizamos a sutura fluídica.

27) Como a cirurgia espiritual auxilia em casos de tumores no fígado?
Dr. CHARLES PIERRE: Dentro da estrutura perispiritual, utilizamos uma pinça ectoplasmática e extraímos os caroços e colocamos em uma bandeja. Ao passo que utilizamos um dreno ectoplasmático a fim de desmaterializar o tumor e suturamos o local.

28) Como a cirurgia espiritual auxilia em casos graves de quebra de dedos da mão?
DR. CHARLES PIERRE: Colocamos pinos ectoplasmáticos no campo perispiritual para que a pessoa

ajuste o dedo preenchendo a estrutura óssea para que o ser possa voltar a exercer as suas práticas diárias, normalmente.

29) Como a cirurgia espiritual auxilia em casos de HIV?

DR. HAMMED: É um caso extremamente interessante e deve provocar a curiosidade das pessoas. Nós realizamos o que chamamos de "sangria espiritual". Utilizamos um aparelho espiritual para revitalizar toda a estrutura fluídica do perispírito, limpando-o para que o corpo físico também receba uma limpeza no sangue, ativando o sistema imunológico do assistido. E assim, conseguimos reverter de pessoas soropositivas, sempre com a autorização da espiritualidade maior.

30) Como a cirurgia espiritual pode auxiliar em casos de problemas pulmonares?

DR. CHARLES PIERRE: Para o pulmão costumamos receitar a homeopatia para tratar. Além disso, em casos graves trazemos aparelhos espirituais em diversos formatos na região perispiritual, principalmente quadrados e retangulares, e drenos ectoplasmáticos no caso de tumores com o objetivo de desmaterializá-lo.

31) Existe o acompanhamento espiritual dos casos antes e depois da cirurgia espiritual?

DR. HAMMED: Sem sombra de dúvidas. Sempre nos reunimos em grupos para discutir os casos no âmbito da medicina espiritual. Ficamos atentos aos casos em que podemos reverter a mazela orgânica. Muitas vezes nos reunimos com a equipe espiritual que governa a vida do assistido com o intuito de saber quais benefícios serão obtidos com o processo de cura. Na maior parte dos casos, a doença serve para despertar a consciência do assistido e fazê-lo refletir sobre suas condutas. E nesses encontros, que chamamos de assembleias, discutimos o impacto da cura na vida do indivíduo e também de seus familiares. Buscamos perceber na intimidade do ser se existe a vontade de se reajustar dentro dos princípios que Jesus nos ensinou. Quando um indivíduo demonstra em seus pensamentos esse desejo fervoroso de alterar sua trajetória espiritual para caminhos mais felizes, temos mais facilidade de ofertar a cura que é a misericórdia de Deus na Terra. Em alguns casos, mesmo sem a transformação pessoal, ofertamos a cura no sentido de mobilizar sentimentos de gratidão no assistido e buscar colher a semente que plantamos por meio da cirurgia espiritual. Não podemos nos esquecer de que todos nós vamos evoluir, mais cedo ou mais tarde, a questão é quando iremos ajustar o orgulho e o egoísmo para que possamos dar um salto evolutivo em nossa existência.

32) Que benefícios podem ser ofertados pelas pomadas espirituais?

DR. ARCHIMEDES: Elas foram criadas para auxiliar em casos de problemas de pele. Hoje percebemos que as pomadas espirituais são muito úteis para casos de inflamações internas e externas no corpo físico.

É um medicamento espiritual e pode atuar na resolução de uma diversidade de problemas orgânicos, além das citadas. Nos casos de câncer, por exemplo, orientamos aos doentes ingerir a pomada com um pedaço de pão para reduzir as inflamações nos órgãos e auxiliar no processo de cura dessa moléstia, o que facilita o trabalho dos médicos da Terra.

33) Muitas pessoas tiveram cálculos renais desmaterializados pela água magnetizada. Pode descrever como essa técnica atua no organismo?

DR. BARTHOLOMEU TACHINI: A água magnetizada ou fluidificada age no organismo, em especial em cálculos renais, como uma reação química em que uma pedra é desmaterializada. Os componentes químicos da água são modificados a fim de atingir cada objetivo espiritual a ser atendido, de acordo com a necessidade das pessoas assistidas. Toda medicação espiritual tem um objetivo singular e própria para cada caso atendido.

34) Por que algumas técnicas utilizadas por médicos espirituais não podem ser explicadas?

DR. HERMANN: O espírito Dr. Ludwig já deve ter explicado em outro momento, mas não custa relembrar:

É importante o amadurecimento da Humanidade para que soluções que já existem no Plano Espiritual possam ser materializadas. É necessário que o conhecimento seja útil às pessoas, caso contrário não tem valor. Por isso, o entendimento da medicina espiritual requer paciência e tempo para ser absorvido.

Aos poucos, gradualmente, com o estudo, essas técnicas serão reveladas.

***

Para completar essas entrevistas, trazemos na terceira e última parte desse livro, relatos de casos atendidos na Fraternidade Espírita João Batista.

PARTE 3

RELATOS DE CASOS DE CURA

CARLOS

Em setembro de 2022, Carlos começou a sentir-se cansado com caminhadas de até 20 metros de distância, e com dificuldades de respiração.

É cardíaco e já infartou no ano de 2013 quando passou pelo procedimento cirúrgico com o intuito de colocar dois *stents*.

Diante do quadro clínico apresentado, marcou uma consulta com sua cardiologista que solicitou uma série de exames, uma vez que estava medicado. Contudo, a sua pressão estava alta, chegando a bater 18 por 12.

Um dos exames realizados foi o de cintilografia que acusou uma isquemia no ventrículo esquerdo e entupimento das artérias, correndo o risco, segundo a médica, de ter um novo infarto chegando a óbito.

Carlos estava assustado com o quadro relatado pela médica, buscou criar soluções. Por meio de um amigo, buscou a cirurgia espiritual na Fraternidade Espírita João Batista onde foi atendido pelo médico espiritual Dr. Fritz.

O espírito Dr. Fritz atendeu-o e disse que cuidaria de seu coração, mesmo sem Carlos ter dito as raízes do problema que o levaram ao local. Passou pela cirurgia espiritual, nos dia 14 e 21 de janeiro de 2023.

Enquanto buscava o tratamento espiritual, Carlos visitava a sua cardiologista regularmente que concluiu que os próximos passos clínicos seriam promover um cateterismo e uma nova inserção de *stents*.

No dia 23 de janeiro foi marcado o procedimento do cateterismo. Ao ser realizado, não foi encontrado nenhum problema cardíaco e nenhuma artéria entupida. Os médicos ficaram insatisfeitos e tentaram acesso pela virilha. Carlos sentiu muitas dores no procedimento e relatou que ficou bastante machucado. E após 4 horas e meia, dentro do centro cirúrgico, a equipe médica chegou à conclusão de que não havia nada do que foi apresentado pelos exames.

Os médicos se reuniram, estudaram, fizeram grupos para identificar o que houve para que ocorresse tamanha diferença entre os exames. Enquanto isso, Carlos recebeu alta, pois nada foi identificado.

Após ver e rever os exames com toda equipe médica, a cardiologista solicitou uma angiotomografia computadorizada que confirmou que não havia mais nenhum tipo de problema com a questão coronária de Carlos.

Ele retornou emocionado ao médico espiritual Dr. Fritz que o incentivou a viver a vida, pois existe muito significado nisso.

Além de toda essa alteração de quadro clínico, Carlos foi informado que as artérias do seu coração eram invertidas. Contudo, Dr. Fritz disse que inverteria algumas artérias do seu coração, e de fato, elas foram modificadas, conforme apresentado nos exames.

LUZINETE

Luzinete tem 75 anos e acredita bastante na fé espírita, nos médicos espirituais. É médium e atuante na Fraternidade Espírita João Batista.

Em 2007, após ter realizado diversos exames anuais, foi detectado um câncer na mama esquerda, fato que a abalou demais em razão de outros entes de sua família terem desencarnado em consequência dessa patologia. Foi como se um filme de terror tivesse passado novamente em sua mente.

Ao constatar a mazela orgânica buscou uma casa espírita e conseguiu excelentes resultados. Alguns meses após a cirurgia espiritual não havia mais o câncer na mama esquerda.

Em 2018, em nova bateria de exames, foi detectado câncer na tireoide. Um carcinoma. Mais uma vez recorreu à cirurgia espiritual. Foi atendida pelos espíritos médicos da Fraternidade Espírita João Batista e em pouco tempo o nódulo havia desaparecido.

128 · RAFAEL PAPA

Em 2022, o câncer na tireoide retornou. Não hesitou novamente em procurar a medicina espiritual. O espírito que elaborou o procedimento foi o Dr. Hermann, um dos entrevistados nessa obra.

Ela seguiu todas as diretrizes e cuidados solicitados pela Espiritualidade Superior. Em paralelo ao tratamento espiritual refez todos os exames, e em fevereiro de 2023 recebeu a notícia de que não havia mais o câncer presente em seu corpo físico. Ela realizou a biópsia e realmente nada foi detectado. O médico, por ser espírita, disse: "vamos confiar nos bons espíritos".

Hoje, agradecida por tantas intervenções espirituais, dedica grande parte de sua vida à caridade espírita cristã, em ações de benefício a outras pessoas necessitadas de amparo e alívio do corpo físico e da alma.

LEILA

Leila tinha 56 anos e foi diagnosticada com câncer no estômago e parte do intestino delgado estava necrosada. Uma situação delicada que a medicina tradicional teria grandes dificuldades para reverter.

Uma das médiuns de cura da Fraternidade Espírita João Batista, muito comovida com a situação, decidiu ir à casa de Leila para buscar auxiliar espiritualmente no caso.

Encontrou Leila deitada e muito debilitada. A família mostrou-se bastante grata com a presença da médium.

Leila realizaria um exame pré-operatório dali a quatro dias, para retirar, primeiramente, a parte do intestino que estava necrosada. Mas, ainda havia dúvidas se ela já estava em processo de metástase, fato que gerou grande apreensão. Na sequência da cirurgia do intestino seria realizada outra, para retirada do tumor alojado no estômago.

A médium, como instrumento da médica espiritual, atuou tanto no câncer localizado no estômago quanto no intestino necrosado. Reconstruiu os órgãos na estrutura perispiritual de Leila, propiciando um novo arranjo celular para o seu corpo físico.

Não houve cortes físicos. Apenas impulsos eletromagnéticos, aplicação de ectoplasma e uma técnica com a aplicação de antisséptico no local. Durante a cirurgia espiritual um cheiro forte foi percebido como se algo estragado tivesse sido extraído do corpo. E foi muito marcante para todos que estavam ao redor de Leila.

Logo no dia seguinte, a médium recebeu um comunicado de que Leila já conseguia sentar-se e que estava muito grata pela sua presença.

O exame prévio para a cirurgia tradicional que deveria ser realizado após quatro dias da cirurgia espiritual não foi concretizado, pois o plano de saúde não o liberou. E negou por diversas vezes por questões contratuais. Não havia explicação, apenas o exame não foi realizado.

Após um mês e meio, quando, finalmente, houve a liberação do exame, o resultado confirmou que não havia nenhum sinal de câncer no intestino e a parte que estava necrosada fora completamente refeita. Ela estava curada!

A emoção foi forte por parte de todos os envolvidos no processo. Mais uma vez houve a intercessão espiritual e a lei de amor pôde ser praticada aos olhos da medicina da Terra que não encontrou explicações para o que ocorreu.

PEDRO

Pedro tem 40 anos. Novo e ainda cheio de esperanças em relação à vida. Contudo, viveu capítulos dramáticos do seu livro da existência terrena.

Apresentou um problema disfuncional na glândula da tireoide.

Em regra, tumores nessa região são extraídos sem maiores problemas pela medicina terrena. Mas, o problema era raro. Pedro foi diagnosticado com bócio mergulhante e esse problema orgânico pode ser fatal.

Após a indicação cirúrgica, e com bastante medo, foi orientado a buscar a cirurgia espiritual na Fraternidade Espírita João Batista.

Esse fato ocorreu quinze dias antes do seu procedimento cirúrgico.

Foi atendido pelo espírito Dr. Fritz que verificou que havia um problema muito maior e talvez o paciente não chegasse com vida até o dia da cirurgia terrena.

O bócio mergulhante estava se expandindo rapidamente para a cavidade toráxica. Então, o médico espiritual atuou no campo perispiritual para cessar o crescimento do referido tumor.

Durante a cirurgia espiritual, Dr. Fritz prometeu ao assistido que estaria ao lado do médico para auxiliá-lo na remoção cirúrgica.

Durante a cirurgia terrena, o médico foi tomado por um grande susto. O bócio mergulhante havia se expandido demais, algo que os exames não

132 · RAFAEL PAPA

conseguiram detectar. Contudo, decidiu fazer o procedimento cirúrgico.

Sentia que uma mão o auxiliava durante todo o procedimento. Era como se estivesse sendo influenciado por forças invisíveis e ele se permitiu essa oportunidade. Sentia que não era apenas ele na sala de cirurgia, mas a presença de Dr. Fritz auxiliando-o durante todo o momento.

O médico realizou a cirurgia com êxito. Pedro sobreviveu. Ainda está um pouco rouco pelo fato do procedimento ser um tanto invasivo. Mas todos ficaram comovidos pela oportunidade de a medicina espiritual ser capaz de auxiliar diretamente na solução desse caso.

ROSELY

Rosely tem 49 anos de idade e conheceu a Fraternidade Espírita João Batista há três anos. Chegou ao centro espírita em um momento muito delicado de sua vida, apresentando graves problemas emocionais de ordem depressiva.

O acolhimento ofertado pela casa, os estudos e todo apoio espiritual, além das medicações prescritas pelo psiquiatra foram fundamentais para que pudesse reverter esse quadro psíquico.

Mas ela ainda iria enfrentar outros desafios. Em consequência de uma queda em seu lar, Rosely apresentou a ruptura total do tendão do antebraço, o que não permitia mais que pudesse girar o braço, bem como dobrar e esticar seu punho e cotovelo.

Após colocar gesso e realizar alguns exames, o médico orientou que ela precisaria de uma cirurgia para "grampear" o tendão, imobilizá-lo e, com o auxílio de inúmeras sessões de fisioterapia recuperar parcialmente os movimentos perdidos. Além disso, alertou para o prognóstico de que esse braço ficaria mais curto do que o outro, apresentaria uma leve deficiência física.

Antes de realizar a cirurgia recomendada, Rosely buscou, por meio da cirurgia espiritual, amparo para superar seus desafios, pois estava desenganada pela medicina da Terra.

Na sala de tratamento da Fraternidade Espírita João Batista, Rosely foi atendida pelo médico espiritual Dr. Hansen. Ao observar o caso, o espírito iniciou um processo fluídico direcionado ao tendão lesionado.

Quando o seu braço foi tocado, Rosely foi tomada de um calor insuportável no local e alguns minutos depois já conseguia dobrar um pouco o braço.

Após outra incisão fluídica do médico espiritual, o calor aumentou ainda mais e ela começou a sentir dores como se algo estivesse movendo-se naquela região do braço. Sentia-se em uma verdadeira fogueira e suava bastante, enquanto a cirurgia espiritual estava acontecendo.

A vontade era de gritar e sair correndo, mas a sua fé foi mais forte e ela resistiu à movimentação do amigo espiritual.

Ao fim do procedimento, Rosely conseguiu dobrar e esticar o seu braço, como fazia antigamente e a cirurgia da Terra não foi mais necessária.

Não existe uma sequela sequer do acidente e exames comprovam o restabelecimento do seu braço ao padrão orgânico anterior. Os médicos ficaram intrigados e concluiram que um milagre acontecera.

CONCLUSÃO

UM APONTAMENTO QUE gostaria de ratificar: essa obra não é fruto de uma nova ciência e nem de novas descobertas sobre a doutrina espírita. Pelo contrário, ela tem por grande objetivo revisitar o arcabouço doutrinário que Allan Kardec nos ofertou e registrar o que médicos espirituais discorrem sobre a temática da medicina espiritual e seus desdobramentos.

Não concluímos o assunto e nem esgotamos possibilidades. O que temos visto é que pessoas, de forma recorrente, buscam as cirurgias espirituais, como último recurso, e um grande quantitativo de pessoas afirma ter alívio para suas mazelas orgânicas e evolução em seus quadros clínicos.

Outro ponto a frisar: a medicina espiritual não vem competir com a medicina da Terra. Se andassem de mãos dadas teríamos resultados que a medicina jamais alcançaria com a tecnologia disponível.

Aproximar esses dois mundos é o grande desejo dos médicos espirituais. Oferecer alternativas ainda desconhecidas que o Plano Espiritual tem alcance e ofertar, aos corações em angústia, soluções ou parte da solução de seus casos de doenças delicadas, pois muitos dos que nos buscam chegam desenganados pela medicina.

Também trazemos a assertiva de que o espiritismo não criou a mediunidade curadora e nem médicos espirituais. Quantos casos de curas nós tivemos conhecimento por meio de Jesus? E quantos outros obtemos por meio do Evangelho em Atos dos Apóstolos? O apóstolo Paulo de Tarso curava muitas pessoas pelo seu magnetismo espiritual.

A doutrina dos espíritos apenas explica de forma racional o que acontece nesses procedimentos. Busca ofertar conhecimento para nos retirar desse local desconfortável: a fé cega.

Os médicos espirituais não foram citados apenas nesse século. E não são todos alemães, como se poderia supor em razão dos nomes que escolheram para apresentarem-se a nós.

Podemos observar que Allan Kardec já mantinha relações de observações científicas da mediunidade por meio do espírito Dr. Demeure, e por médiuns famosos de sua época como o zuavo Jacob.

A existência dos espíritos ainda não pode ser comprovada por aparelhos sofisticados que teremos no futuro, mas podemos afirmar com certeza, por ora assentada nos fatos mediúnicos, de que existam espíritos médicos que manipulam leis ainda desconhecidas da natureza e auxiliam nas dores e mazelas das pessoas.

Grande parte do que foi escrito nessa obra foi da interlocução com esses médicos desencarnados. Esse assunto não é uma imposição, mas uma evidência interessante e merece lugar nos debates da sociedade contemporânea de forma responsável e coerente. Àqueles que também queiram conhecer, elaborar perguntas ou simplesmente observar fatos, exames e relatos, nos colocamos à inteira disposição.

Por fim, chamamos a atenção para os grandes avanços e trocas entre os médicos da Terra com estudos sobre a espiritualidade. Esses estudos fazem parte das disciplinas de muitos cursos de medicina, inclusive.

O grande desejo é que esse livro possa contribuir para que se fortaleçam as trocas de experiências e conhecimento entre os médicos do Plano Espiritual e da Terra.

Independente disso, os médicos espirituais já intuem os médicos da Terra. E se todos pudessem ser vistos dentro dos hospitais e centros cirúrgicos como os médiuns clarividentes conseguem perceber, teríamos um belo quadro pintado de amor e paz para a Humanidade.

Esse dia chegará. Espero estar entre os encarnados para esse momento.

REFERÊNCIAS

DICIONÁRIO AURÉLIO. **Milagre**. Disponível em: https://dicionariodoaurelio.com/milagre

DICIONÁRIO MICHAELIS. **Milagre**. Disponível em: https://michaelis.uol.com.br/moderno-portugues/busca/portugues-brasileiro/milagre/

DUKAS, H.; HOFFMANN, B (Eds). *Carta a Cornelius Lanczos*, 12 de março de 1942. **Einstein: o lado humano**. New Jersey: Princeton University Press, 1979.

FUKS, REBECA. **Baruch De Espinosa**. Disponível em https://www.ebiografia.com/baruch_de_espinosa/

HUME, DAVID. *Diálogos sobre a religião natural*. Nova York: Penguin, 1990.

KARDEC, ALLAN. *A Gênese*. 10 ed. Catanduva: Boa Nova, 2020. Cap. XIV - Os fluidos.

_____. Considerações sobre a propagação da mediunidade curadora. *Revista Espírita: jornal de estudos psicológicos* (novembro, 1866). Catanduva: EDICEL, 2018. p.401-410.

_____. Cura de uma fratura, pela magnetização espiritual. *Revista Espírita: jornal de estudos psicológicos* (setembro, 1865). Catanduva: EDICEL, 2018. p.300-306.

_____. Da mediunidade curadora. *Revista Espírita: jornal de estudos psicológicos* (setembro, 1865). Catanduva: EDICEL, 2018. p.293-300.

_____. Dissertações espíritas: conselhos sobre a mediunidade curadora. *Revista Espírita: jornal de estudos psicológicos* (outubro, 1867). Catanduva: EDICEL, 2018. p.362-366.

_____. Dissertações espíritas: o magnetismo e o espiritismo comparados. *Revista Espírita: jornal de estudos psicológicos* (junho, 1867). Catanduva: EDICEL, 2018. p.218-221.

_____. Magnetismo e espiritismo. *Revista Espírita: jornal de estudos psicológicos* (março, 1858). Catanduva: EDICEL, 2017.

_____. Médiuns curadores. *Revista Espírita: jornal de estudos psicológicos* (janeiro, 1864). Catanduva: EDICEL, 2017. p.12-18.

140 · RAFAEL PAPA

_____. O príncipe de Hohenlohe, médium curador. *Revista Espírita: jornal de estudos psicológicos* (dezembro, 1866). Catanduva: EDICEL, 2018. p.430-438.

_____. O Zuavo curador do Campo de Châlons. *Revista Espírita: jornal de estudos psicológicos* (outubro, 1866). Catanduva: EDICEL, 2018. p.360-370.

_____. Poder curativo do magnetismo espiritual – Espírito Dr. Demeure. *Revista Espírita: jornal de estudos psicológicos* (abril, 1865). Catanduva: EDICEL, 2018. p.131-135.

_____. Senhora condessa Adèle de Clérambert – Médium médica. *Revista Espírita: jornal de estudos psicológicos* (outubro, 1867). Catanduva: EDICEL, 2018. p.343-347.

_____. Um médium curador. *Revista Espírita: jornal de estudos psicológicos* (março, 1860). Catanduva: EDICEL, 2016. p.88-91.

_____. Variedades: cura por um espírito. *Revista Espírita: jornal de estudos psicológicos* (fevereiro, 1863). Catanduva: EDICEL, 2017. p.75-76.

MCGRATH, ALISTER. *Fundamentos para o diálogo.* Rio de Janeiro: Thomas Nelson Brasil, 2020.

UNIVERSIDADE FEDERAL DE JUIZ DE FORA. *Projeto Allan Kardec.* Disponível em: https://projetokardec.ufjf.br/manuscritos/

VOCÊ PRECISA CONHECER ESSAS OBRAS

Autocura – à luz do espiritismo
Juliano P. Fagundes
Estudo • 15x22,5 cm • 224 pp.

Informações atualizadas e dados concretos em auxílio a todos que buscam entender melhor como o espiritismo, o pensamento positivo, a fé e a espiritualidade podem contribuir com as questões ligadas à saúde e à longevidade humana.

A cura pela fé
Ricardo Orestes Forni
Autoajuda • 14x21 cm • 184 pp.

A fé tem realmente todo o poder que se credita a ela? Por meio de um texto inteligente, instrutivo e bem-humorado, o autor comenta as propriedades curativas da fé, recorrendo aos ensinamentos de Jesus, de autores espíritas, de antigos filósofos espiritualistas e até de cientistas materialistas.

Às portas da regeneração
Juliano P. Fagundes
Estudo • 15,5x22,5 cm • 272 pp.

COVID-19: o que está acontecendo no mundo hoje? Nas páginas deste livro descobriremos as grandes forças que deram e estão dando forma às sociedades em todo o planeta – e quais as pedras que encontraremos em nossa caminhada nesta grande transição planetária, rumo ao futuro de regeneração.

VOCÊ PRECISA CONHECER ESSAS OBRAS

A evangelização de portas abertas para o autismo
Lucia Moysés
Educação Espírita • 15,5x22,5 cm • 200 pp.

De leitura fascinante, neste livro Lucia Moysés nos revela subsídios que ajudam a casa espírita na inclusão de autistas na evangelização. A professora também faz uma análise do Transtorno do Espectro Autista (TEA) pela ótica espírita, bem como apresenta depoimentos de mães de crianças e jovens autistas.

Depressão, doença da alma
Francisco Cajazeiras
Doutrinário • 14x21 cm • 208 pp.

O que é a depressão? Como diagnosticar o mal? Quais as perspectivas futuras? Quais as possibilidades terapêuticas? É possível preveni-la?

Neste livro, o médico Francisco Cajazeiras procura responder a essas perguntas e esclarecer dúvidas sobre a doença, mergulhando nas suas causas mais profundas – as espirituais –, sem misticismo e sem apelar para o sobrenatural, senão para a lógica e o raciocínio.

Governador da Terra
Juliano P. Fagundes
Estudo • 14x21 cm • 256 pp.

Estudo aprofundado sobre as últimas revelações trazidas por cientistas, pesquisadores, historiadores, arqueólogos e os espíritos superiores sobre a vida, a obra e o contexto do mundo em que viveu o Mestre Nazareno.

VOCÊ PRECISA CONHECER ESSAS OBRAS

O autismo em minha vida
Regiane Gonzaga
Biografia Romanceada • 14x21 cm • 176 pp.

Este é um livro-depoimento escrito por uma mãe defrontada com o diagnóstico de autismo em seu único filho. Abordando o tema com sabedoria e sentimento, ela compartilha sua história de coragem e superação em um relato comovente, repleto de lições, para ajudar as famílias que estão aprendendo a conviver com o autismo. E também esclarecer todos os que se interessam pela causa.

Respostas Espíritas
Donizete Pinheiro
Estudo • 14x21 cm • 224 pp.

Respostas espíritas é um excelente livro, onde cada capítulo esmiuçará um tema analisado à luz da doutrina espírita.

Muito esclarecedor constitui-se, desde agora, em leitura inspiradora, sendo próprio para solucionar os questionamentos que são dirigidos aos espíritas por aqueles que pretendem adentrar ao conhecimento espírita.

Temas intrigantes como mortes coletivas, aborto, suicídio, céu e inferno, eutanásia, doação de órgãos e outras questões, num total de 60 capítulos serão amplamente comentados com a lógica que o estudo espírita proporciona.

Causa e origem dos nossos males
Juliano P. Fagundes
Estudo • 14x21 cm • 184 pp.

Asseveram as entidades superiores que depende de cada um de nós o avanço para a perfeição, segundo nossa própria vontade e a submissão à vontade de Deus. Este livro traz uma explicação antropológico-espírita sobre a origem de nossos desvios morais. E por que temos dificuldade em mudar nosso comportamento.

VOCÊ PRECISA CONHECER ESSAS OBRAS

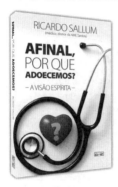

Afinal, por que adoecemos?
Ricardo Sallum
Estudo • 14x21 cm • 144 pp.

De forma envolvente, Ricardo Sallum vai respondendo às seguintes questões, sem ditar normas ou regras: será que as doenças são "castigos divinos"? Quantas enfermidades não passam de estados vibratórios da mente em desequilíbrio? Será que a dor é ainda um mal necessário?

Suicídio inconsciente
Edson Ramos de Siqueira
Estudo • 15,5x22,5 cm • 288 pp.

O tema suicídio é sempre muito debatido, mas, apesar de ser um assunto grave para se pensar sobre nosso comportamento atual, o *suicídio inconsciente* é tema de reduzida abordagem. Este livro se aprofunda no assunto para que possamos fazer uma análise aprofundada de nossa conduta.

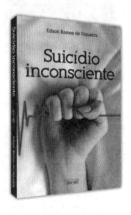

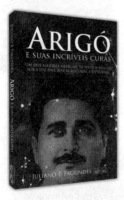

Arigó e suas incríveis curas
Juliano P. Fagundes
Biografia • 14x21 cm • 192 pp.

Para homenagear um dos maiores médiuns de efeitos físicos do Brasil, Juliano P. Fagundes se baseou nos relatos de pesquisadores estrangeiros para escrever este estudo profundo sobre o homem simples e sem muita instrução que diagnosticava, operava e curava em apenas 60 segundos.

Não encontrando os livros da **EME** na livraria de sua preferência,
solicite o endereço de nosso distribuidor mais próximo de você:
Fones: (19) 3491-7000 / 3491-5449
(claro) 9 9317-2800 (vivo) 9 9983-2575
E-mail: vendas@editoraeme.com.br – Site: www.editoraeme.com.br

f /editoraeme   **@editoraeme**   **@EditoraEme**   **editoraemeoficial**